TRANZLATY

Language is for everyone

A nyelv mindenkié

The Little Mermaid

A kis hableány

Hans Christian Andersen

English / Magyar

Copyright © 2023 Tranzlaty
All rights reserved.
Published by Tranzlaty
ISBN: 978-1-83566-957-0
Original text by Hans Christian Andersen
Den Lille Havfrue
First published in Danish in 1837
www.tranzlaty.com

The Sea King's Palace
A tengeri király palotája

Far out in the ocean, where the water is blue
Messze az óceánban, ahol kék a víz
here the water is as blue as the prettiest cornflower
itt olyan kék a víz, mint a legszebb búzavirág
and the water is as clear as the purest crystal
és a víz olyan tiszta, mint a legtisztább kristály
this water, far out in the ocean is very, very deep
ez a víz, messze az óceánban, nagyon-nagyon mély
water so deep, indeed, that no cable could reach the bottom
valóban olyan mély a víz, hogy egyetlen kábel sem érhette el az alját
you could pile many church steeples upon each other
sok templomtornyot egymásra halmozhatnál
but all the churches could not reach the surface of the water
de az összes templom nem tudta elérni a víz felszínét
There dwell the Sea King and his subjects
Ott lakik a tengeri király és alattvalói
you might think it is just bare yellow sand at the bottom
azt gondolhatja, hogy csak csupasz sárga homok van az alján
but we must not imagine that there is nothing there
de nem szabad azt képzelnünk, hogy nincs ott semmi
on this sand grow the strangest flowers and plants
ezen a homokon nőnek a legfurcsább virágok és növények
and you can't imagine how pliant the leaves and stems are
és el sem tudod képzelni, milyen hajlékonyak a levelek és a szárak
the slightest agitation of the water causes the leaves to stir
a víz legkisebb megrázkódtatása a leveleket felkavarja
it is as if each leaf had a life of its own
mintha minden levélnek saját élete lenne
Fishes, both large and small, glide between the branches
A halak, kicsik és nagyok egyaránt, suhannak az ágak között
just like when birds fly among the trees here upon land

mint amikor madarak repkednek a fák között itt a
szárazföldön

In the deepest spot of all stands a beautiful castle
A legmélyebb helyen egy gyönyörű kastély áll
this beautiful castle is the castle of the Sea King
ez a gyönyörű kastély a Tengeri Király vára
the walls of the castle are built of coral
a vár falai korallból épültek
and the long Gothic windows are of the clearest amber
a hosszú gótikus ablakok pedig a legtisztább borostyánból készültek
The roof of the castle is formed of sea shells
A kastély tetejét tengeri kagylók alkotják
and the shells open and close as the water flows over them
és a kagylók kinyílnak és bezáródnak, ahogy a víz átfolyik rajtuk
Their appearance is more beautiful than can be described
Megjelenésük szebb a leírhatónál
within each shell there lies a glittering pearl
minden kagylóban egy-egy csillogó gyöngy található
and each pearl would be fit for the diadem of a queen
és minden gyöngy illik egy királynő diadémjához

The Sea King had been a widower for many years
A tengeri király sok éven át özvegy volt
and his aged mother looked after the household for him
idős anyja pedig gondoskodott a háztartásról
She was a very sensible woman
Nagyon értelmes nő volt
but she was exceedingly proud of her royal birth
de felettébb büszke volt királyi születésére
and on that account she wore twelve oysters on her tail
és emiatt tizenkét osztrigát viselt a farkán
others of high rank were only allowed to wear six oysters
mások magas rangúak csak hat osztrigát viselhettek

She was, however, deserving of very great praise
Ő azonban nagyon nagy dicséretet érdemelt
there was something she especially deserved praise for
volt valami, amiért különösen dicséretet érdemelt
she took great care of the little sea princesses
nagyon vigyázott a kis tengeri hercegnőkre
she had six granddaughters that she loved
hat unokája volt, akiket szeretett
all the sea princesses were beautiful children
az összes tengeri hercegnő gyönyörű gyerek volt
but the youngest sea princess was the prettiest of them
de a legfiatalabb tengeri hercegnő volt a legszebb közülük
Her skin was as clear and delicate as a rose leaf
A bőre tiszta és finom volt, mint egy rózsalevél
and her eyes were as blue as the deepest sea
és a szeme olyan kék volt, mint a legmélyebb tenger
but, like all the others, she had no feet
de, mint a többieknek, neki sem volt lába
and at the end of her body was a fish's tail
és a teste végén egy hal farka volt

All day long they played in the great halls of the castle
Egész nap a kastély nagytermeiben játszottak
out of the walls of the castle grew beautiful flowers
a kastély falai közül gyönyörű virágok nőttek ki
and she loved to play among the living flowers
és szeretett az élő virágok között játszani
The large amber windows were open, and the fish swam in
A nagy borostyánsárga ablakok nyitva voltak, és a halak beúsztak
it is just like when we leave the windows open
olyan, mint amikor nyitva hagyjuk az ablakokat
and then the pretty swallows fly into our houses
és akkor berepülnek a csinos fecskék a házainkba
only the fishes swam up to the princesses
csak a halak úsztak fel a királylányokhoz

they were the only ones that ate out of her hands
ők voltak az egyetlenek, akik a lány kezéből ettek
and they allowed themselves to be stroked by her
és hagyták magukat megsimogatni

Outside the castle there was a beautiful garden
A kastélyon kívül gyönyörű kert volt
in the garden grew bright-red and dark-blue flowers
a kertben élénkvörös és sötétkék virágok nőttek
and there grew blossoms like flames of fire
és ott virágoztak, mint a tűz lángjai
the fruit on the plants glittered like gold
a növényeken a gyümölcs aranyként csillogott
and the leaves and stems continually waved to and fro
és a levelek és a szárak folyamatosan ide-oda hullámoztak
The earth on the ground was the finest sand
A föld a földön a legfinomabb homok volt
but this sand does not have the colour of the sand we know
de ez a homok nem olyan színű, mint az általunk ismert homok
this sand is as blue as the flame of burning sulphur
ez a homok olyan kék, mint az égő kén lángja
Over everything lay a peculiar blue radiance
Minden felett sajátos kék sugárzás terült el
it is as if the blue sky were everywhere
mintha mindenütt kék ég lenne
the blue of the sky was above and below
az ég kékje fent és lent volt
In calm weather the sun could be seen
Nyugodt időben lehetett látni a napot
from here the sun looked like a reddish-purple flower
innen vöröses-lila virágnak tűnt a nap
and the light streamed from the calyx of the flower
és a fény áradt a virág kelyhéből

the palace garden was divided into several parts

a palotakert több részre osztották
Each of the princesses had their own little plot of ground
Mindegyik hercegnőnek megvolt a saját kis telke
on this plot they could plant whatever flowers they pleased
erre a parcellára tetszőleges virágot ültettek
one princess arranged her flower bed in the form of a whale
az egyik hercegnő bálna formába rendezte virágágyását
one princess arranged her flowers like a little mermaid
az egyik hercegnő úgy rendezte el a virágait, mint egy kis sellő
and the youngest child made her garden round, like the sun
a legkisebb gyerek pedig kerekre tette a kertjét, akár a nap
and in her garden grew beautiful red flowers
és a kertjében gyönyörű piros virágok nőttek
these flowers were as red as the rays of the sunset
ezek a virágok olyan vörösek voltak, mint a naplemente sugarai

She was a strange child; quiet and thoughtful
Furcsa gyerek volt; csendes és megfontolt
her sisters showed delight at the wonderful things
nővérei örömüket fejezték ki a csodálatos dolgok előtt
the things they obtained from the wrecks of vessels
az edények roncsaiból szerzett dolgokat
but she cared only for her pretty red flowers
de csak a szép piros virágaival törődött
although there was also a beautiful marble statue
bár volt ott egy gyönyörű márványszobor is
the statue was the representation of a handsome boy
a szobor egy jóképű fiút ábrázolt
the boy had been carved out of pure white stone
a fiút tiszta fehér kőből faragták
and the statue had fallen to the bottom of the sea from a wreck
és a szobor a tenger fenekére esett egy roncsból
for this marble statue of a boy she cared about too
ezért a fiú márványszoborért, akivel ő is törődött

She planted, by the statue, a rose-colored weeping willow
A szobor mellé rózsaszínű sírófűzet ültetett
and soon the weeping willow hung its fresh branches over the statue
és hamarosan a síró fűz a szobor fölé akasztotta friss ágait
the branches almost reached down to the blue sands
az ágak szinte leértek a kék homokig
The shadows of the tree had the color of violet
A fa árnyékai ibolyaszínűek voltak
and the shadows waved to and fro like the branches
és az árnyak ide-oda hullámoztak, mint az ágak
all of this created the most interesting illusion
mindez a legérdekesebb illúziót keltette
it was as if the crown of the tree and the roots were playing
mintha a fa koronája és a gyökerek játszottak volna
it looked as if they were trying to kiss each other
úgy tűnt, mintha meg akarták volna csókolni egymást

her greatest pleasure was hearing about the world above
legnagyobb öröme az volt, hogy a fenti világról hallott
the world above the deep sea she lived in
a mélytenger feletti világ, amelyben élt
She made her old grandmother tell her all about the upper world
Öreg nagymamáját elmesélte neki mindent a felső világról
the ships and the towns, the people and the animals
a hajókat és a városokat, az embereket és az állatokat
up there the flowers of the land had fragrance
odafent a föld virágai illatoztak
the flowers below the sea had no fragrance
a tenger alatti virágoknak nem volt illata
up there the trees of the forest were green
odafent az erdő fái zöldelltek
and the fishes in the trees could sing beautifully
és a halak a fákon szépen tudtak énekelni
up there it was a pleasure to listen to the fish

odafenn élvezet volt hallgatni a halakat
her grandmother called the birds fishes
a nagyanyja halaknak nevezte a madarakat
else the little mermaid would not have understood
különben a kis sellő nem értette volna
because the little mermaid had never seen birds
mert a kis sellő soha nem látott madarakat

her grandmother told her about the rites of mermaids
a nagymamája mesélt neki a sellők rítusairól
"one day you will reach your fifteenth year"
"egy napon eléri a tizenötödik életévét"
"then you will have permission to go to the surface"
"akkor engedélyt kapsz a felszínre menni"
"you will be able to sit on the rocks in the moonlight"
"tudsz majd ülni a sziklákon a holdfényben"
"and you will see the great ships go sailing by"
"és látni fogod, ahogy a nagy hajók elhaladnak mellette"
"Then you will see forests and towns and the people"
"Akkor látni fogsz erdőket, városokat és embereket"

the following year one of the sisters was going to be fifteen
a következő évben az egyik nővér tizenöt éves volt
but each sister was a year younger than the other
de mindegyik nővér egy évvel fiatalabb volt a másiknál
the youngest sister was going to have to wait five years before her turn
a legfiatalabb nővérnek öt évet kellett várnia a sorára
only then could she rise up from the bottom of the ocean
csak akkor tudott felemelkedni az óceán fenekéről
and only then could she see the earth as we do
és csak akkor láthatta úgy a földet, mint mi
However, each of the sisters made each other a promise
A nővérek mindegyike azonban ígéretet tett egymásnak
they were going to tell the others what they had seen
el akarták mondani a többieknek, amit láttak
Their grandmother could not tell them enough

A nagymamájuk nem tudta eleget elmondani nekik
there were so many things they wanted to know about
annyi mindenről szerettek volna tudni

the youngest sister longed for her turn the most
a legfiatalabb nővér vágyott leginkább az ő sorára
but, she had to wait longer than all the others
de tovább kellett várnia, mint a többieknek
and she was so quiet and thoughtful about the world
és olyan csendes volt, és elgondolkozott a világról
there were many nights where she stood by the open window
Sok éjszaka volt, amikor a nyitott ablak mellett állt
and she looked up through the dark blue water
és felnézett a sötétkék vízen keresztül
and she watched the fish as they splashed with their fins
és nézte a halakat, amint uszonyaikkal fröcskölnek
She could see the moon and stars shining faintly
Látta a holdat és a csillagokat halványan ragyogni
but from deep below the water these things look different
de a víz mélyéről ezek a dolgok másképp néznek ki
the moon and stars looked larger than they do to our eyes
a hold és a csillagok nagyobbnak tűntek, mint a mi szemünkben
sometimes, something like a black cloud went past
néha elment valami fekete felhőhöz hasonló
she knew that it could be a whale swimming over her head
tudta, hogy lehet, hogy egy bálna úszik a feje fölött
or it could be a ship, full of human beings
vagy lehet egy hajó, tele emberi lényekkel
human beings who couldn't imagine what was under them
emberi lények, akik nem tudták elképzelni, mi van alattuk
a pretty little mermaid holding out her white hands
egy csinos kis sellő fehér kezét nyújtva
a pretty little mermaid reaching towards their ship
egy csinos kis sellő a hajójuk felé nyúlva

The Little Mermaid's Sisters
A kis hableány nővérei

The day came when the eldest mermaid had her fifteenth birthday
Eljött a nap, amikor a legidősebb sellőnek a tizenötödik születésnapja volt
now she was allowed to rise to the surface of the ocean
most megengedték neki, hogy felemelkedjen az óceán felszínére
and that night she swum up to the surface
és azon az éjszakán felúszott a felszínre
you can imagine all the things she saw up there
el tudod képzelni mindazt, amit ott látott
and you can imagine all the things she had to talk about
és el tudod képzelni, mi mindenről kellett beszélnie
But the finest thing, she said, was to lie on a sand bank
De a legfinomabb dolog az, hogy egy homokparton feküdt
in the quiet moonlit sea, near the shore
a csendes holdfényes tengerben, közel a parthoz
from there she had gazed at the lights on the land
onnan nézte a föld fényeit
they were the lights of the near-by town
a közeli város fényei voltak
the lights had twinkled like hundreds of stars
a fények csillagok százaiként csillogtak
she had listened to the sounds of music from the town
hallgatta a városból érkező zene hangjait
she had heard noise of carriages drawn by their horses
hallotta a lovaik által vontatott kocsik zaját
and she had heard the voices of human beings
és hallotta az emberi lények hangját
and the had heard merry pealing of the bells
és hallották a vidám harangzúgást
the bells ringing in the church steeples
a templomtornyokban zúgó harangok

but she could not go near all these wonderful things
de közel sem tudott menni ezekhez a csodálatos dolgokhoz
so she longed for these wonderful things all the more
így egyre jobban vágyott ezekre a csodálatos dolgokra

you can imagine how eagerly the youngest sister listened
képzelheti, milyen lelkesen hallgatta a legkisebb nővér
the descriptions of the upper world were like a dream
a felső világ leírásai olyanok voltak, mint egy álom
afterwards she stood at the open window of her room
utána a szobája nyitott ablakánál állt
and she looked to the surface, through the dark-blue water
és a felszínre nézett, a sötétkék vízen át
she thought of the great city her sister had told her of
arra a nagyszerű városra gondolt, amelyről a nővére mesélt neki
the great city with all its bustle and noise
a nagy város minden nyüzsgésével és zajával együtt
she even fancied she could hear the sound of the bells
még azt hitte, hogy hallja a harangok hangját
she imagined the sound of the bells carried to the depths of the sea
elképzelte a tenger mélyére vitt harangok hangját

after another year the second sister had her birthday
egy év múlva a második nővér születésnapja volt
she too received permission to swim up to the surface
ő is engedélyt kapott, hogy felúszhasson a felszínre
and from there she could swim about where she pleased
és onnan úszhatott ott, ahol akart
She had gone to the surface just as the sun was setting
Éppen akkor ment a felszínre, amikor a nap lemenőben volt
this, she said, was the most beautiful sight of all
mondta, ez volt a legszebb látvány
The whole sky looked like a disk of pure gold
Az egész égbolt úgy nézett ki, mint egy tiszta arany korong

and there were violet and rose-colored clouds
és ibolya és rózsa színű felhők voltak
they were too beautiful to describe, she said
túl szépek ahhoz, hogy leírjam – mondta
and she said how the clouds drifted across the sky
és azt mondta, hogy a felhők hogyan sodródtak az égen
and something had flown by more swiftly than the clouds
és valami gyorsabban elrepült, mint a felhők
a large flock of wild swans flew toward the setting sun
vad hattyúk nagy csapata repült a lenyugvó nap felé
the swans had been like a long white veil across the sea
a hattyúk olyanok voltak, mint egy hosszú fehér fátyol a tengeren
She had also tried to swim towards the sun
Megpróbált a nap felé úszni is
but some distance away the sun sank into the waves
de valamivel távolabb a nap belesüppedt a hullámokba
she saw how the rosy tints faded from the clouds
látta, ahogy a rózsás árnyalatok elhalványulnak a felhőkből
and she saw how the colour had also faded from the sea
és látta, hogy a szín is kifakult a tengertől

the next year it was the third sister's turn
a következő évben a harmadik nővéren volt a sor
this sister was the most daring of all the sisters
ez a nővér volt a legmerészebb az összes nővér közül
she swam up a broad river that emptied into the sea
felúszott egy széles folyón, amely a tengerbe ömlött
On the banks of the river she saw green hills
A folyó partján zöld dombokat látott
the green hills were covered with beautiful vines
a zöld dombokat gyönyörű szőlő borította
and on the hills there were forests of trees
a dombokon pedig fák erdei voltak
and out of the forests palaces and castles poked out
és az erdőkből paloták és kastélyok bújtak elő

She had heard birds singing in the trees
Hallotta a madarak énekét a fákon
and she had felt the rays of the sun on her skin
és érezte a napsugarakat a bőrén
the rays were so strong that she had to dive back
a sugarak olyan erősek voltak, hogy vissza kellett merülnie
and she cooled her burning face in the cool water
és lehűtötte égő arcát a hűvös vízben
In a narrow creek she found a group of little children
Egy keskeny patakban egy csoport kisgyereket talált
they were the first human children she had ever seen
ők voltak az első embergyerekek, akiket valaha látott
She wanted to play with the children too
A gyerekekkel is játszani akart
but the children fled from her in a great fright
de a gyerekek nagy ijedtében elmenekültek előle
and then a little black animal came to the water
majd egy kis fekete állat érkezett a vízhez
it was a dog, but she did not know it was a dog
kutya volt, de nem tudta, hogy kutya
because she had never seen a dog before
mert még soha nem látott kutyát
and the dog barked at the mermaid furiously
és a kutya dühösen ugatott a sellőre
she became frightened and rushed back to the open sea
megijedt, és visszarohant a nyílt tengerre
But she said she should never forget the beautiful forest
De azt mondta, soha nem szabad elfelejtenie a gyönyörű erdőt
the green hills and the pretty children
a zöld dombok és a szép gyerekek
she found it exceptionally funny how they swam
rendkívül viccesnek találta, ahogy úsznak
because the little human children didn't have tails
mert a kis embergyerekeknek nem volt farkuk
so with their little legs they kicked the water
így kis lábukkal rugdosták a vizet

The fourth sister was more timid than the last
A negyedik nővér félénkebb volt, mint az utolsó
She had decided to stay in the midst of the sea
Úgy döntött, hogy a tenger közepén marad
but she said it was as beautiful there as nearer the land
de azt mondta, olyan szép ott, mint közelebb a földhöz
from the surface she could see many miles around her
a felszínről sok mérföldet látott maga körül
the sky above her looked like a bell of glass
a fölötte lévő égbolt üvegharangnak tűnt
and she had seen the ships sail by
és látta a hajókat elhajózni
but the ships were at a very great distance from her
de a hajók nagyon messze voltak tőle
and, with their sails, the ships looked like sea gulls
és vitorlájukkal a hajók sirályoknak tűntek
she saw how the dolphins played in the waves
látta, hogyan játszanak a delfinek a hullámokban
and great whales spouted water from their nostrils
és a nagy bálnák vizet lövelltek az orrlyukukból
like a hundred fountains all playing together
mint száz szökőkút, amelyek mind együtt játszanak

The fifth sister's birthday occurred in the winter
Az ötödik nővér születésnapja télen volt
so she saw things that the others had not seen
így olyan dolgokat látott, amiket a többiek nem
at this time of the year the sea looked green
ebben az évszakban zöldnek tűnt a tenger
large icebergs were floating on the green water
nagy jéghegyek úsztak a zöld vízen
and each iceberg looked like a pearl, she said
és mindegyik jéghegy gyöngyszemnek tűnt – mondta
but they were larger and loftier than the churches
de nagyobbak és magasztosabbak voltak a templomoknál
and they were of the most interesting shapes

és a legérdekesebb formájúak voltak
and each iceberg glittered like diamonds
és minden jéghegy gyémántként csillogott
She had seated herself on one of the icebergs
Leült az egyik jéghegyre
and she let the wind play with her long hair
és hagyta, hogy a szél játszadozzon hosszú hajával
She noticed something interesting about the ships
Észrevett valami érdekeset a hajókon
all the ships sailed past the icebergs very rapidly
az összes hajó nagyon gyorsan elhaladt a jéghegyek mellett
and they steered away as far as they could
és elkormányoztak, amennyire csak tudtak
it was as if they were afraid of the iceberg
mintha a jéghegytől féltek volna
she stayed out at sea into the evening
estig kint maradt a tengeren
the sun went down and dark clouds covered the sky
lement a nap és sötét felhők borították az eget
the thunder rolled across the ocean of icebergs
a mennydörgés végiggurult a jéghegyek óceánján
and the flashes of lightning glowed red on the icebergs
és a villámok felvillanása vörösen izzott a jéghegyeken
and the icebergs were tossed about by the heaving sea
és a jéghegyeket hánykolta a hullámzó tenger
the sails of all the ships were trembling with fear
az összes hajó vitorlája remegett a félelemtől
and the mermaid sat calmly on the floating iceberg
és a sellő nyugodtan ült a lebegő jéghegyen
and she watched the lightning strike into the sea
és nézte a villámot a tengerbe

All of her five older sisters had grown up now
Mind az öt idősebb nővére már felnőtt
therefore they could go to the surface when they pleased
ezért akkor mehettek a felszínre, amikor kedvük volt

at first they were delighted with the surface world
eleinte el voltak ragadtatva a felszíni világtól
they couldn't get enough of the new and beautiful sights
nem tudtak betelni az új és gyönyörű látnivalókkal
but eventually they all grew indifferent towards the upper world
de végül mindannyian közömbössé váltak a felső világgal szemben
and after a month they didn't visit the surface world much at all anymore
és egy hónap után már egyáltalán nem sokat jártak a felszíni világban
they told their sister it was much more beautiful at home
mondták a nővérüknek, hogy otthon sokkal szebb

Yet often, in the evening hours, they did go up
Mégis gyakran, az esti órákban felmentek
the five sisters twined their arms round each other
az öt nővér összefonta a karját
and together, arm in arm, they rose to the surface
és együtt karöltve emelkedtek a felszínre
often they went up when there was a storm approaching
gyakran felmentek, amikor vihar közeledett
they feared that the storm might win a ship
attól tartottak, hogy a vihar hajót nyerhet
so they swam to the vessel and sung to the sailors
ezért odaúsztak a hajóhoz és énekeltek a tengerészeknek
Their voices were more charming than that of any human
A hangjuk elbűvölőbb volt, mint bármelyik emberé
and they begged the voyagers not to fear if they sank
és könyörögtek az utazóknak, hogy ne féljenek, ha elsüllyednek
because the depths of the sea was full of delights
mert a tenger mélye tele volt gyönyörökkel
But the sailors could not understand their songs
De a tengerészek nem értették a dalaikat

and they thought their singing was the sighing of the storm
és azt hitték, hogy énekük a vihar sóhajtása
therefore their songs were never beautiful to the sailors
ezért dalaik sosem voltak szépek a tengerészek számára
because if the ship sank the men would drown
mert ha a hajó elsüllyed, a férfiak megfulladnának
the dead gained nothing from the palace of the Sea King
a halottak semmit sem nyertek a tengeri király palotájából
but their youngest sister was left at the bottom of the sea
de legfiatalabb nővérüket a tenger fenekén hagyták
looking up at them, she was ready to cry
felnézett rájuk, és készen állt a sírásra
you should know mermaids have no tears that they can cry
tudnod kell, hogy a sellőknek nincs könnyük, hogy sírhassanak
so her pain and suffering was more acute than ours
így az ő fájdalma és szenvedése hevesebb volt, mint a miénk
"Oh, I wish I was also fifteen years old!" said she
– Ó, bárcsak én is tizenöt éves lennék! - mondta a lány
"I know that I shall love the world up there"
"Tudom, hogy szeretni fogom a világot odafent"
"and I shall love all the people who live in that world"
"És szeretni fogom az összes embert, aki ezen a világon él"

The Little Mermaid's Birthday
A kis hableány születésnapja

but, at last, she too reached her fifteenth birthday
de végre ő is elérte a tizenötödik születésnapját
"Well, now you are grown up," said her grandmother
– Nos, most már felnőttél – mondta a nagymama
"Come, and let me adorn you like your sisters"
"Gyere, hadd díszítselek úgy, mint a nővéreid"
And she placed a wreath of white lilies in her hair
És fehér liliom koszorút helyezett a hajába
every petal of the lilies was half a pearl
a liliomok minden sziromja félgyöngy volt
Then, the old lady ordered eight great oysters to come
Aztán az idős hölgy megparancsolta, hogy jöjjön nyolc nagy osztriga
the oysters attached themselves to the tail of the princess
az osztrigák a hercegnő farkához erősítették magukat
under the sea oysters are used to show your rank
a tenger alatt osztrigákat használnak a rangod megmutatására
"But the oysters hurt me so," said the little mermaid
– De az osztriga nagyon bántott – mondta a kis sellő
"Yes, I know oysters hurt," replied the old lady
- Igen, tudom, hogy az osztriga fáj - válaszolta az idős hölgy
"but you know very well that pride must suffer pain"
"de nagyon jól tudod, hogy a büszkeségnek fájdalmat kell elszenvednie"
how gladly she would have shaken off all this grandeur
milyen szívesen lerázta volna magáról ezt a sok nagyszerűséget
she would have loved to lay aside the heavy wreath!
szívesen félretette volna a nehéz koszorút!
she thought of the red flowers in her own garden
a saját kertjében lévő piros virágokra gondolt
the red flowers would have suited her much better
a piros virágok sokkal jobban álltak volna neki

But she could not change herself into something else
De nem változtathatta magát valami mássá
so she said farewell to her grandmother and sisters
így elbúcsúzott a nagymamájától és a nővéreitől
and, as lightly as a bubble, she rose to the surface
és könnyedén, mint egy buborék, a felszínre emelkedett

The sun had just set when she raised her head above the waves
A nap éppen lenyugodott, amikor a lány a hullámok fölé emelte a fejét
The clouds were tinted with crimson and gold from the sunset
A felhők bíborvörösre és arannyal festettek a naplementétől
and through the glimmering twilight beamed the evening star
és a csillogó félhomályon át sugárzott az esti csillag
The sea was calm, and the sea air was mild and fresh
A tenger nyugodt volt, a tengeri levegő enyhe és friss
A large ship with three masts lay lay calmly on the water
Egy nagy, három árbocú hajó nyugodtan feküdt a vízen
only one sail was set, for not a breeze stirred
csak egy vitorlát állítottak fel, mert egy szellő sem kavargott
and the sailors sat idle on deck, or amidst the rigging
a matrózok pedig tétlenül ültek a fedélzeten vagy a kötélzet közepette
There was music and songs on board of the ship
Zene és dalok szóltak a hajó fedélzetén
as darkness came a hundred colored lanterns were lighted
a sötétség beköszöntével száz színes lámpást világítottak meg
it was as if the flags of all nations waved in the air
mintha minden nemzet zászlaja lengett volna a levegőben

The little mermaid swam close to the cabin windows
A kis sellő közel úszott a kabin ablakaihoz
now and then the waves of the sea lifted her up

időnként a tenger hullámai felemelték
she could look in through the glass window-panes
benézhetett az ablaküvegeken keresztül
and she could see a number of curiously dressed people
és számos kíváncsian öltözött embert látott
Among the people she could see there was a young prince
A látott emberek között volt egy fiatal herceg
the prince was the most beautiful of them all
a herceg volt a legszebb mind közül
she had never seen anyone with such beautiful eyes
még soha senkit nem látott ilyen szép szemmel
it was the celebration of his sixteenth birthday
tizenhatodik születésnapjának ünneplése volt
The sailors were dancing on the deck of the ship
A tengerészek a hajó fedélzetén táncoltak
all cheered when the prince came out of the cabin
mindenki ujjongott, amikor a herceg kijött a kabinból
and more than a hundred rockets rose into the air
és több mint száz rakéta emelkedett a levegőbe
for some time the fireworks made the sky as bright as day
egy ideig a tűzijáték olyan fényessé tette az eget, mint a nappal
of course our young mermaid had never seen fireworks before
persze fiatal sellőnk még soha nem látott tűzijátékot
startled by all the noise, she went back under the water
A sok zajtól megriadva visszament a víz alá
but soon she again stretched out her head
de hamarosan újra kinyújtotta a fejét
it was as if all the stars of heaven were falling around her
mintha az ég összes csillaga lehullott volna körülötte
splendid fireflies flew up into the blue air
pompás szentjánosbogarak repültek fel a kék levegőbe
and everything was reflected in the clear, calm sea
és minden tükröződött a tiszta, nyugodt tengerben
The ship itself was brightly illuminated by all the light

Magát a hajót minden fény erősen megvilágította
she could see all the people and even the smallest rope
látta az összes embert és még a legkisebb kötelet is
How handsome the young prince looked thanking his guests!
Milyen jóképűen nézett ki az ifjú herceg, köszönetet mondott vendégeinek!
and the music resounded through the clear night air!
és a zene zengett a tiszta éjszakai levegőn keresztül!

the birthday celebrations lasted late into the night
a születésnapi ünnepségek késő éjszakáig tartottak
but the little mermaid could not take her eyes from the ship
de a kis sellő nem tudta levenni a szemét a hajóról
nor could she take her eyes from the beautiful prince
a tekintetét sem tudta levenni a gyönyörű hercegről
The colored lanterns had now been extinguished
A színes lámpások mostanra kialudtak
and there were no more rockets that rose into the air
és már nem emelkedett a levegőbe rakéta
the cannon of the ship had also ceased firing
a hajó ágyúja is abbahagyta a tüzelést
but now it was the sea that became restless
de most a tenger vált nyugtalanná
a moaning, grumbling sound could be heard beneath the waves
nyögő, morgó hangot lehetett hallani a hullámok alatt
and yet, the little mermaid remained by the cabin window
és mégis, a kis sellő a kabin ablaka mellett maradt
she was rocking up and down on the water
fel-alá ringatózott a vízen
so that she could keep looking into the ship
hogy tovább nézhessen a hajóba
After a while the sails were quickly set
Egy idő után a vitorlákat gyorsan felállították
and the ship went on her way back to port

és a hajó elindult vissza a kikötőbe

But soon the waves rose higher and higher
De hamarosan a hullámok egyre magasabbra emelkedtek
dark, heavy clouds darkened the night sky
sötét, nehéz felhők sötétítették el az éjszakai eget
and there appeared flashes of lightning in the distance
és a távolban villámok jelentek meg
not far away a dreadful storm was approaching
nem messze iszonyatos vihar közeledett
Once more the sails were lowered against the wind
A vitorlákat ismét leeresztették a széllel szemben
and the great ship pursued her course over the raging sea
és a nagy hajó a háborgó tenger felett haladt
The waves rose as high as the mountains
A hullámok olyan magasra emelkedtek, mint a hegyek
one would have thought the waves were going to have the ship
az ember azt gondolta volna, hogy a hullámok birtokolják a hajót
but the ship dived like a swan between the waves
de a hajó hattyúként merült a hullámok között
then she rose again on their lofty, foaming crests
majd ismét felemelkedett a magasztos, habzó címerükön
To the little mermaid this was pleasant to watch
A kis sellőnek ezt kellemes volt nézni
but it was not pleasant for the sailors
de nem volt kellemes a tengerészeknek
the ship made awful groaning and creaking sounds
a hajó iszonyatos nyögő és csikorgó hangokat adott ki
and the waves broke over the deck of the ship again and again
és a hullámok újra és újra áttörtek a hajó fedélzetén
the thick planks gave way under the lashing of the sea
a vastag deszkák megadták magukat a tenger kötözői alatt

under the pressure the mainmast snapped asunder, like a reed
a nyomás hatására a főárboc szétpattant, akár a nád
and, as the ship lay over on her side, the water rushed in
és ahogy a hajó az oldalán feküdt, a víz beözönlött

The little mermaid realized that the crew were in danger
A kis sellő rájött, hogy a legénység veszélyben van
her own situation wasn't without danger either
saját helyzete sem volt veszélytelen
she had to avoid the beams and planks scattered in the water
kerülnie kellett a vízben szétszórt gerendákat és deszkákat
for a moment everything turned into complete darkness
egy pillanatra minden teljes sötétségbe fordult
and the little mermaid could not see where she was
és a kis sellő nem látta, hol van
but then a flash of lightning revealed the whole scene
de ekkor egy villámlás feltárta az egész jelenetet
she could see everyone was still on board of the ship
látta, hogy mindenki a hajó fedélzetén van
well, everyone was on board of the ship, except the prince
hát mindenki a hajó fedélzetén volt, kivéve a herceget
the ship continued on its path to the land
a hajó folytatta útját a szárazföld felé
and she saw the prince sink into the deep waves
és látta a herceget a mély hullámokba süllyedni
for a moment this made her happier than it should have
ez egy pillanatra jobban boldoggá tette, mint kellett volna
now that he was in the sea she could be with him
most, hogy a tengerben volt, vele lehet
Then she remembered the limits of human beings
Aztán eszébe jutottak az emberi lények határai
the people of the land cannot live in the water
a föld népe nem élhet a vízben
if he got to the palace he would already be dead
ha a palotába jutna, már halott lenne

"No, he must not die!" she decided
– Nem, nem szabad meghalnia! úgy döntött
she forget any concern for her own safety
megfeledkezik a saját biztonságával kapcsolatos mindenről
and she swam through the beams and planks
és átúszott a gerendákon és deszkákon
two beams could easily crush her to pieces
két gerenda könnyen darabokra zúzhatja
she dove deep under the dark waters
mélyen bemerült a sötét vizek alá
everything rose and fell with the waves
minden emelkedett és süllyedt a hullámokkal
finally, she managed to reach the young prince
végül sikerült elérnie az ifjú herceget
he was fast losing the power to swim in the stormy sea
gyorsan elvesztette az úszáshoz való képességét a viharos tengerben
His limbs were starting to fail him
Végtagjai kezdtek cserbenhagyni
and his beautiful eyes were closed
és gyönyörű szemei csukva voltak
he would have died had the little mermaid not come
meghalt volna, ha nem jön a kis sellő
She held his head above the water
A fejét a víz fölé tartotta
and she let the waves carry them where they wanted
és hagyta, hogy a hullámok vigyék őket oda, ahová akarták

In the morning the storm had ceased
Reggelre elállt a vihar
but of the ship not a single fragment could be seen
de a hajóból egyetlen töredéket sem lehetett látni
The sun came up, red and shining, out of the water
A nap vörösen és ragyogva kelt fel a vízből
the sun's beams had a healing effect on the prince
a napsugarak gyógyító hatással voltak a hercegre

the hue of health returned to the prince's cheeks
az egészség árnyalata visszatért a herceg arcára
but despite the sun, his eyes remained closed
de a nap ellenére a szeme csukva maradt
The mermaid kissed his high, smooth forehead
A sellő megcsókolta magas, sima homlokát
and she stroked back his wet hair
és hátrasimogatta nedves haját
He seemed to her like the marble statue in her garden
Úgy tűnt neki, mint a márványszobor a kertjében
so she kissed him again, and wished that he lived
ezért újra megcsókolta, és azt kívánta, bárcsak élne

Presently, they came in sight of land
Mostanra a szárazföld elé kerültek
and she saw lofty blue mountains on the horizon
és magasztos kék hegyeket látott a láthatáron
on top of the mountains the white snow rested
a hegyek tetején pihent a fehér hó
as if a flock of swans were lying upon the mountains
mintha egy hattyúraj heverne a hegyeken
Beautiful green forests were near the shore
Gyönyörű zöld erdők voltak a part közelében
and close by there stood a large building
és a közelben egy nagy épület állt
it could have been a church or a convent
templom vagy kolostor lehetett
but she was still too far away to be sure
de még mindig túl messze volt ahhoz, hogy biztos legyen benne
Orange and citron trees grew in the garden
A kertben narancs- és citromfák nőttek
and before the door stood lofty palms
és az ajtó előtt magas tenyerek álltak
The sea here formed a little bay
A tenger itt egy kis öblöt alkotott

in the bay the water lay quiet and still
az öbölben a víz csendesen és mozdulatlanul feküdt
but although the water was still, it was very deep
de bár a víz csendes volt, nagyon mély volt
She swam with the handsome prince to the beach
A jóképű herceggel együtt úszott a tengerpartra
the beach was covered with fine white sand
a strandot finom fehér homok borította
and on the sand she laid him in the warm sunshine
és a homokra fektette a meleg napsütésbe
she took care to raise his head higher than his body
ügyelt rá, hogy a fejét magasabbra emelje a testénél
Then bells sounded from the large white building
Ekkor harangszó szólt a nagy fehér épületből
some young girls came into the garden
néhány fiatal lány bejött a kertbe
The little mermaid swam out farther from the shore
A kis sellő messzebbre úszott a parttól
she hid herself among some high rocks in the water
elbújt néhány magas szikla közé a vízben
she covered her head and neck with the foam of the sea
fejét és nyakát a tenger habjaival borította
and she watched to see what would become of the poor prince
és figyelte, mi lesz a szegény herceggel

It was not long before she saw a young girl approach
Nem sokkal később meglátott egy fiatal lányt közeledni
the young girl seemed frightened, at first
a fiatal lány eleinte ijedtnek tűnt
but her fear only lasted for a moment
de félelme csak egy pillanatig tartott
then she brought over a number of people
aztán áthozott néhány embert
and the mermaid saw that the prince came to life again
és a sellő látta, hogy a herceg újra életre kel

he smiled upon those who stood around him
– mosolygott a körülötte állókra
But to the little mermaid the prince sent no smile
De a kis hableányra a herceg nem mosolygott
he knew not that it was her who had saved him
nem tudta, hogy ő mentette meg
This made the little mermaid very sorrowful
Ez nagyon elszomorította a kis sellőt
and then he was led away into the great building
majd bevezették a nagy épületbe
and the little mermaid dived down into the water
és a kis sellő leugrott a vízbe
and she returned to her father's castle
és visszatért apja kastélyába

The Little Mermaid Longs for the Upper World
A kis hableány vágyik a felső világra

She had always been the most silent and thoughtful of the sisters
Mindig is ő volt a legcsendesebb és legmegfontoltabb a nővérek közül
and now she was more silent and thoughtful than ever
és most csendesebb és elgondolkodtatóbb volt, mint valaha
Her sisters asked her what she had seen on her first visit
A nővérei megkérdezték tőle, mit látott az első látogatása alkalmával
but she could tell them nothing of what she had seen
de semmit sem tudott elmondani nekik arról, amit látott
Many an evening and morning she returned to the surface
Sok este és reggel visszatért a felszínre
and she went to the place where she had left the prince
és elment arra a helyre, ahol a herceget elhagyta
She saw the fruits in the garden ripen
Látta beérni a gyümölcsöket a kertben
and she watched the fruits gathered from their trees
és nézte a fáikról gyűjtött gyümölcsöket
she watched the snow on the mountain tops melt away
nézte, ahogy elolvad a hó a hegycsúcsokon
but on none of her visits did she see the prince again
de egyik látogatása alkalmával sem látta többé a herceget
and therefore she always returned more sorrowful than when she left
és ezért mindig szomorúabban tért vissza, mint amikor elment

her only comfort was sitting in her own little garden
egyetlen vigasza az volt, hogy a saját kis kertjében ült
she flung her arms around the beautiful marble statue
karját a gyönyörű márványszobor köré fonta
the statue which looked just like the prince
a szobor, amely pont úgy nézett ki, mint a herceg

She had given up tending to her flowers
Feladta a virágok gondozását
and her garden grew in wild confusion
és a kertje vad zűrzavarban nőtt
they twinied the long leaves and stems of the flowers around the trees
a fák köré fonták a virágok hosszú leveleit és szárait
so that the whole garden became dark and gloomy
így az egész kert sötét és komor lett

eventually she could bear the pain no longer
végül nem bírta tovább a fájdalmat
and she told one of her sisters all that had happened
és elmesélte az egyik nővérének mindazt, ami történt
soon the other sisters heard the secret
hamarosan a többi nővér is meghallotta a titkot
and very soon her secret became known to several maids
és nagyon hamar több szobalány is megismerte a titkát
one of the maids had a friend who knew about the prince
az egyik szobalánynak volt egy barátja, aki tudott a hercegről
She had also seen the festival on board the ship
Ő is látta a fesztivált a hajó fedélzetén
and she told them where the prince came from
és elmondta nekik, honnan jött a herceg
and she told them where his palace stood
és elmondta nekik, hol áll a palotája

"Come, little sister," said the other princesses
– Gyere, húgom – mondta a többi hercegnő
they entwined their arms and rose up together
összefonták a karjukat és együtt keltek fel
they went near to where the prince's palace stood
közel mentek ahhoz, ahol a hercegi palota állt
the palace was built of bright-yellow, shining stone
a palota élénksárga, fényes kőből épült
and the palace had long flights of marble steps

és a palotának hosszú márványlépcsői voltak
one of the flights of steps reached down to the sea
az egyik lépcsősor leért a tengerig
Splendid gilded cupolas rose over the roof
Pompás aranyozott kupolák emelkedtek a tető fölé
the whole building was surrounded by pillars
az egész épületet oszlopok vették körül
and between the pillars stood lifelike statues of marble
az oszlopok között pedig élethű márványszobrok álltak
they could see through the clear crystal of the windows
az ablakok tiszta kristályán keresztül láttak
and they could look into the noble rooms
és benézhettek a nemesi szobákba
costly silk curtains and tapestries hung from the ceiling
költséges selyemfüggönyök és faliszőnyegek lógtak a mennyezetről
and the walls were covered with beautiful paintings
a falakat pedig gyönyörű festmények borították
In the centre of the largest salon was a fountain
A legnagyobb szalon közepén egy szökőkút volt
the fountain threw its sparkling jets high up
a szökőkút a magasba dobta szikrázó fúvókáit
the water splashed onto the glass cupola of the ceiling
a víz a mennyezet üvegkupolájára fröccsent
and the sun shone in through the water
és a nap besütött a vízen keresztül
and the water splashed on the plants around the fountain
és a víz ráfröccsent a szökőkút körüli növényekre

Now the little mermaid knew where the prince lived
A kis sellő most már tudta, hol lakik a herceg
so she spent many a night in those waters
így sok éjszakát töltött azokon a vizeken
she got more courageous than her sisters had been
bátrabb lett, mint a nővérei voltak
and she swam much nearer the shore than they had

és sokkal közelebb úszott a parthoz, mint ők
once she went up the narrow channel, under the marble balcony
egyszer felment a keskeny csatornán, a márványerkély alatt
the balcony threw a broad shadow on the water
az erkély széles árnyékot vetett a vízre
Here she sat and watched the young prince
Itt ült és nézte a fiatal herceget
he, of course, thought he was alone in the bright moonlight
ő persze azt hitte, egyedül van a ragyogó holdfényben

She often saw him in the evenings, sailing in a beautiful boat
Gyakran látta őt esténként, amint egy gyönyörű csónakban vitorlázott
music sounded from the boat and the flags waved
zene szólt a csónakból és lobogtak a zászlók
She peeped out from among the green rushes
Kikukucskált a zöld rózsák közül
at times the wind caught her long silvery-white veil
időnként a szél elkapta hosszú ezüstfehér fátylát
those who saw her veil believed it to be a swan
akik látták a fátylát, hattyúnak hitték
her veil had all the appearance of a swan spreading its wings
fátyla olyan volt, mint egy szárnyait kitáró hattyú

Many a night, too, she watched the fishermen set their nets
Sok éjjel nézte, ahogy a halászok kirakják a hálóikat
they cast their nets in the light of their torches
fáklyáik fényében kivetik hálóikat
and she heard them tell many good things about the prince
és hallotta, hogy sok jót meséltek a hercegről
this made her glad that she had saved his life
ez boldoggá tette, hogy megmentette az életét
when he was tossed around half dead on the waves
amikor félholtan hánykolódott a hullámokon

She remembered how his head had rested on her bosom
Eszébe jutott, hogyan nyugodott a feje a keblén
and she remembered how heartily she had kissed him
és eszébe jutott, milyen szívélyesen csókolta meg
but he knew nothing of all that had happened
de semmit sem tudott mindarról, ami történt
the young prince could not even dream of the little mermaid
az ifjú herceg még csak álmodni sem tudott a kis sellőről

She grew to like human beings more and more
Egyre jobban megkedvelte az emberi lényeket
she wished more and more to be able to wander their world
egyre jobban vágyott arra, hogy barangolni tudjon a világukban
their world seemed to be so much larger than her own
világuk sokkal nagyobbnak tűnt, mint az övé
They could fly over the sea in ships
Hajókkal átrepülhettek a tengeren
and they could mount the high hills far above the clouds
és fel tudtak emelkedni a magas dombokra, messze a felhők fölé
in their lands they possessed woods and fields
földjeiken erdőket és mezőket birtokoltak
the greenery stretched beyond the reach of her sight
a zöld növény a látótávolságon túlra nyúlt
There was so much that she wished to know!
Annyi minden volt, amit tudni akart!
but her sisters were unable to answer all her questions
de nővérei nem tudtak minden kérdésére válaszolni
She then went to her old grandmother for answers
Ezután elment az öreg nagymamához válaszokért
her grandmother knew all about the upper world
a nagyanyja mindent tudott a felső világról
she rightly called this world "the lands above the sea"
helyesen nevezte ezt a világot "tenger feletti földeknek"

"If human beings are not drowned, can they live forever?"
"Ha az emberi lények nem fulladnak vízbe, élhetnek-e örökké?"
"Do they never die, as we do here in the sea?"
– Soha nem halnak meg, mint mi itt a tengerben?
"Yes, they die too," replied the old lady
- Igen, ők is meghalnak - felelte az idős hölgy
"like us, they must also die," added her grandmother
„Mint nekünk, nekik is meg kell halniuk" – tette hozzá a nagymama
"and their lives are even shorter than ours"
"És az ő életük még a miénknél is rövidebb"
"We sometimes live for three hundred years"
"Néha háromszáz évig élünk"
"but when we cease to exist here we become foam"
"de ha megszűnünk itt létezni, habokká válunk"
"and we float on the surface of the water"
"és mi lebegünk a víz felszínén"
"we do not have graves for those we love"
"Nincs sírunk azoknak, akiket szeretünk"
"and we have not immortal souls"
"és nincs halhatatlan lelkünk"
"after we die we shall never live again"
"Miután meghalunk, soha többé nem fogunk élni"
"like the green seaweed, once it has been cut off"
"mint a zöld hínár, ha egyszer levágták"
"after we die, we can never flourish again"
"Miután meghalunk, soha többé nem virágozhatunk"
"Human beings, on the contrary, have souls"
"Az emberi lényeknek éppen ellenkezőleg, van lelkük"
"even after they're dead their souls live forever"
"Még haláluk után is a lelkük örökké él"
"when we die our bodies turn to foam"
"Ha meghalunk, a testünk habbá válik"
"when they die their bodies turn to dust"
"Amikor meghalnak, a testük porrá válik"

"when we die we rise through the clear, blue water"
"Ha meghalunk, feltámadunk a tiszta, kék vízen"
"when they die they rise up through the clear, pure air"
"Ha meghalnak, feltámadnak a tiszta, tiszta levegőn"
"when we die we float no further than the surface"
"Ha meghalunk, nem lebegünk tovább a felszínnél"
"but when they die they go beyond the glittering stars"
"de amikor meghalnak, túllépnek a csillogó csillagokon"
"we rise out of the water to the surface"
"Kiszállunk a vízből a felszínre"
"and we behold all the land of the earth"
"És látjuk a föld egész földjét"
"they rise to unknown and glorious regions"
„Ismeretlen és dicsőséges vidékekre emelkednek"
"glorious and unknown regions which we shall never see"
"dicsőséges és ismeretlen régiók, amelyeket soha nem fogunk látni"
the little mermaid mourned her lack of a soul
a kis sellő lélekhiányát gyászolta
"Why have not we immortal souls?" asked the little mermaid
– Miért nem vagyunk halhatatlan lelkeink? – kérdezte a kis sellő
"I would gladly give all the hundreds of years that I have"
"Szívesen odaadnám azt a több száz évet, amim van"
"I would trade it all to be a human being for one day"
"Az egészet elcserélném, hogy ember legyek egy napra"
"I can not imagine the hope of knowing such happiness"
"Elképzelni sem tudom, milyen reményt kaphatok ilyen boldogságtól"
"the happiness of that glorious world above the stars"
"annak a dicsőséges világnak a boldogsága a csillagok felett"
"You must not think that way," said the old woman
– Nem szabad így gondolkodnod – mondta az öregasszony
"We believe that we are much happier than the humans"
"Azt hisszük, hogy sokkal boldogabbak vagyunk, mint az emberek"

"and we believe we are much better off than human beings"
"és úgy gondoljuk, hogy sokkal jobb helyzetben vagyunk, mint az emberek"

"So I shall die," said the little mermaid
– Szóval meg fogok halni – mondta a kis sellő
"being the foam of the sea, I shall be washed about"
"A tenger habja lévén megmosdatnak"
"never again will I hear the music of the waves"
"Soha többé nem hallom a hullámok zenéjét"
"never again will I see the pretty flowers"
"Soha többé nem látom a szép virágokat"
"nor will I ever again see the red sun"
"És soha többé nem látom a vörös napot"
"Is there anything I can do to win an immortal soul?"
– Tehetek valamit, hogy megnyerjek egy halhatatlan lelket?
"No," said the old woman, "unless..."
– Nem – mondta az öregasszony –, hacsak...
"there is just one way to gain a soul"
"Csak egyféleképpen lehet lelket szerezni"
"a man has to love you more than he loves his father and mother"
"egy férfinak jobban kell téged szeretnie, mint az apját és az anyját"
"all his thoughts and love must be fixed upon you"
"minden gondolatának és szeretetének rád kell irányulnia"
"he has to promise to be true to you here and hereafter"
"Meg kell ígérnie, hogy hű lesz hozzád itt és a továbbiakban"
"the priest has to place his right hand in yours"
"a papnak a tiédbe kell tennie a jobb kezét"
"then your man's soul would glide into your body"
"akkor a férfi lelke a testedbe siklik"
"you would get a share in the future happiness of mankind"
"részesedne az emberiség jövőbeli boldogságában"
"He would give to you a soul and retain his own as well"
"Ő adna neked egy lelket, és megtartaná a sajátját is"

"but it is impossible for this to ever happen"
"de lehetetlen, hogy ez valaha is megtörténjen"
"Your fish's tail, among us, is considered beautiful"
"Nálunk a halfarkát gyönyörűnek tartják"
"but on earth your fish's tail is considered ugly"
"de a földön a hal farkát csúnyának tartják"
"The humans do not know any better"
"Az emberek nem tudnak jobbat"
"their standard of beauty is having two stout props"
"szépségük mércéje két vaskos kellék"
"these two stout props they call their legs"
"ezt a két vaskos kelléket a lábuknak hívják"
The little mermaid sighed at what appeared to be her destiny
A kis sellő felsóhajtott a sorsa láttán
and she looked sorrowfully at her fish's tail
és szomorúan nézett hala farkára
"Let us be happy with what we have," said the old lady
– Örüljünk annak, amink van – mondta az idős hölgy
"let us dart and spring about for the three hundred years"
"Nyilvánkodjunk és ugráljunk háromszáz éven keresztül"
"and three hundred years really is quite long enough"
"és háromszáz év tényleg elég hosszú"
"After that we can rest ourselves all the better"
"Ezután jobban kipihenhetjük magunkat"
"This evening we are going to have a court ball"
"Ma este udvari bált rendezünk"

It was one of those splendid sights we can never see on earth
Egyike volt azoknak a csodálatos látványosságoknak,
amelyeket soha nem láthatunk a földön
the court ball took place in a large ballroom
az udvari bálra egy nagy bálteremben került sor
The walls and the ceiling were of thick transparent crystal
A falak és a mennyezet vastag, átlátszó kristályból készültek

Many hundreds of colossal sea shells stood in rows on each side
Sok száz kolosszális tengeri kagyló állt sorban mindkét oldalon
some of the sea shells were deep red, others were grass green
a tengeri kagylók egy része mélyvörös, mások fűzöldek voltak
and each of the sea shells had a blue fire in it
és mindegyik tengeri kagylóban kék tűz volt
These fires lighted up the whole salon and the dancers
Ezek a tüzek begyújtották az egész szalont és a táncosokat
and the sea shells shone out through the walls
és a tengeri kagylók kiragyogtak a falakon
so that the sea was also illuminated by their light
így a tengert is megvilágította a fényük
Innumerable fishes, great and small, swam past
Számtalan hal úszott el mellette, kicsik és nagyok
some of the fishes scales glowed with a purple brilliance
néhány hal pikkelye lila fényben izzott
and other fishes shone like silver and gold
és a többi hal ezüstként és aranyként ragyogott
Through the halls flowed a broad stream
A csarnokokon keresztül széles patak folyt
and in the stream danced the mermen and the mermaids
és a patakban táncoltak a sellők és a sellők
they danced to the music of their own sweet singing
saját édes énekük zenéjére táncoltak

No one on earth has such lovely voices as they
A földön senkinek sincs olyan szép hangja, mint nekik
but the little mermaid sang more sweetly than all
de a kis sellő mindenkinél édesebben énekelt
The whole court applauded her with hands and tails
Az egész udvar kézzel és farkával tapsolt neki
and for a moment her heart felt quite happy
és egy pillanatra egészen boldognak érezte a szívét
because she knew she had the sweetest voice in the sea

mert tudta, hogy neki van a legédesebb hangja a tengerben
and she knew she had the sweetest voice on land
és tudta, hogy neki van a legkedvesebb hangja a szárazföldön
But soon she thought again of the world above her
De hamarosan újra a fölötte lévő világra gondolt
she could not forget the charming prince
nem tudta elfelejteni a bájos herceget
it reminded her that he had an immortal soul
arra emlékeztette, hogy halhatatlan lelke van
and she could not forget that she had no immortal soul
és nem tudta elfelejteni, hogy nincs halhatatlan lelke
She crept away silently out of her father's palace
Hangtalanul kiosont apja palotájából
everything within was full of gladness and song
belül minden tele volt örömmel és dallal
but she sat in her own little garden, sorrowful and alone
de a saját kis kertjében ült szomorúan és egyedül
Then she heard the bugle sounding through the water
Aztán meghallotta a vízen át zúgó dudort
and she thought, "He is certainly sailing above"
és azt gondolta: "Bizonyára fent vitorlázik"
"he, the beautiful prince, in whom my wishes centre"
"ő, a gyönyörű herceg, akiben a kívánságom összpontosul"
"he, in whose hands I should like to place my happiness"
"ő, akinek a kezébe szeretném helyezni a boldogságomat"
"I will venture all for him to win an immortal soul"
"Mindent megkockáztatok érte, hogy halhatatlan lelket nyerjek"
"my sisters are dancing in my father's palace"
"A nővéreim apám palotájában táncolnak"
"but I will go to the sea witch"
"de elmegyek a tengeri boszorkányhoz"
"the sea witch of whom I have always been so afraid"
"a tengeri boszorkány, akitől mindig is annyira féltem"
"but the sea witch can give me counsel, and help"
"de a tengeri boszorkány tud nekem tanácsot adni és segíteni"

The Sea Witch
A tengeri boszorkány

Then the little mermaid went out from her garden
Aztán a kis sellő kiment a kertjéből
and she took the path to the foaming whirlpools
és elindult a habzó örvények felé vezető ösvényen
behind the foaming whirlpools the sorceress lived
a habzó örvények mögött a varázslónő lakott
the little mermaid had never gone that way before
a kis sellő még soha nem járt így
Neither flowers nor grass grew where she was going
Sem virág, sem fű nem nőtt oda, ahová ment
there was nothing but bare, gray, sandy ground
nem volt más, csak csupasz, szürke, homokos talaj
this barren land stretched out to the whirlpool
ez a terméketlen föld az örvényig nyúlt
the water was like foaming mill wheels
a víz olyan volt, mint a habzó malomkerekek
and the whirlpools seized everything that came within reach
és az örvények mindent megragadtak, ami elérhető közelségbe került
the whirlpools cast their prey into the fathomless deep
az örvények a mérhetetlen mélységbe vetették zsákmányukat
Through these crushing whirlpools she had to pass
Ezeken a zúzó örvényeken kellett áthaladnia
only then could she reach the dominions of the sea witch
csak akkor érhette el a tengeri boszorkány uralmát
after this came a stretch of warm, bubbling mire
ezt követően egy meleg, bugyogó iszap szakasz következett
the sea witch called the bubbling mire her turf moor
a tengeri boszorkány a bugyborékoló sárt gyepes lápjának nevezte

Beyond her turf moor was the witch's house
A gyepszőnyegén túl volt a boszorkány háza

her house stood in the centre of a strange forest
háza egy furcsa erdő közepén állt
in this forest all the trees and flowers were polypi
ebben az erdőben minden fa és virág polipi volt
but they were only half plant; the other half was animal
de csak félig növények voltak; a másik fele állat volt
They looked like serpents with a hundred heads
Úgy néztek ki, mint a százfejű kígyók
and each serpent was growing out of the ground
és mindegyik kígyó kinőtt a földből
Their branches were long, slimy arms
Ágaik hosszú, nyálkás karok voltak
and they had fingers like flexible worms
és olyan volt az ujjuk, mint a rugalmas férgek
each of their limbs, from the root to the top, moved
minden végtagjuk a gyökértől a tetejéig mozgott
All that could be reached in the sea they seized upon
Mindent, amit el lehetett érni a tengerben, amit megragadtak
and what they caught they held on tightly to
és amit elkaptak, erősen ragaszkodtak hozzá
so that what they caught never escaped from their clutches
hogy amit elkaptak, az soha ne meneküljön ki a karmaik közül

The little mermaid was alarmed at what she saw
A kis sellő megriadt attól, amit látott
she stood still and her heart beat with fear
mozdulatlanul állt, és a szíve vert a félelemtől
She came very close to turning back
Nagyon közel került ahhoz, hogy visszaforduljon
but she thought of the beautiful prince
de a szép hercegre gondolt
and she thought of the human soul for which she longed
és az emberi lélekre gondolt, amelyre vágyott
with these thoughts her courage returned
ezekkel a gondolatokkal visszatért a bátorsága
She fastened her long, flowing hair round her head

Hosszú, hullámzó haját a feje köré fűzte
so that the polypi could not grab hold of her hair
hogy a polipi ne tudja megragadni a haját
and she crossed her hands across her bosom
és kezét keresztbe tette a keblén
and then she darted forward like a fish through the water
aztán előreugrott, mint egy hal a vízen
between the subtle arms and fingers of the ugly polypi
a csúnya polipi finom karjai és ujjai között
the polypi were stretched out on each side of her
a polipok mindkét oldalán kinyúltak
She saw that they all held something in their grasp
Látta, hogy mindannyian a kezükben tartanak valamit
something they had seized with their numerous little arms
valamit, amit megragadtak számos kis karjukkal
they were holding white skeletons of human beings
fehér emberi csontvázakat tartottak a kezükben
sailors who had perished at sea in storms
tengerészek, akik a tengeren vesztették életüket a viharokban
sailors who had sunk down into the deep waters
tengerészek, akik a mély vizekbe süllyedtek
and there were skeletons of land animals
és szárazföldi állatok csontvázai voltak
and there were oars, rudders, and chests of ships
és voltak ott evezők, kormányok és hajóládák
There was even a little mermaid whom they had caught
Még egy kis sellő is volt, akit elkaptak
the poor mermaid must have been strangled by the hands
a szegény sellőt biztosan megfojtották a kezek
to her this seemed the most shocking of all
számára ez tűnt a legmegdöbbentőbbnek

finally, she came to a space of marshy ground in the woods
végül egy mocsaras területre ért az erdőben
here there were large fat water snakes rolling in the mire
itt nagy kövér vízi kígyók gurultak a sárban

the snakes showed their ugly, drab-colored bodies
a kígyók megmutatták csúnya, sápadt színű testüket
In the midst of this spot stood a house
Ennek a helynek a közepén egy ház állt
the house was built of the bones of shipwrecked human beings
a ház hajótörött emberi lények csontjaiból épült
and in the house sat the sea witch
és a házban ült a tengeri boszorkány
she was allowing a toad to eat from her mouth
megengedte, hogy egy varangy a szájából egyen
just like when people feed a canary with pieces of sugar
mint amikor az emberek egy kanárit etetnek cukordarabokkal
She called the ugly water snakes her little chickens
A csúnya vízi kígyókat a kis csirkéknek nevezte
and she allowed her little chickens to crawl all over her
és megengedte a kis csirkéknek, hogy mászkáljanak rajta

"I know what you want," said the sea witch
– Tudom, mit akarsz – mondta a tengeri boszorkány
"It is very stupid of you to want such a thing"
"Nagyon hülyeség, hogy ilyesmit akarsz"
"but you shall have your way, however stupid it is"
"de megvan a maga módja, bármilyen hülye is az"
"though your wish will bring you to sorrow, my pretty princess"
"Bár a kívánságod elszomorít, kedves hercegnőm"
"You want to get rid of your mermaid's tail"
"Meg akarsz szabadulni a sellőd farkától"
"and you want to have two stumps instead"
"és szeretnél helyette két tuskót"
"this will make you like the human beings on earth"
"ettől olyan leszel, mint a földi emberi lények"
"and then the young prince might fall in love with you"
"és akkor a fiatal herceg szerelmes lehet beléd"
"and then you might have an immortal soul"

"és akkor halhatatlan lelked lehet"
the witch laughed loud and disgustingly
– nevetett hangosan és undorítóan a boszorkány
the toad and the snakes fell to the ground
a varangy és a kígyók a földre estek
and they lay there wriggling on the floor
és ott feküdtek vergődően a padlón
"You came to me just in time," said the witch
– Még időben jöttél hozzám – mondta a boszorkány
"after sunrise tomorrow it would have been too late"
"holnap napkelte után már késő lett volna"
"after tomorrow I would not have been able to help you till the end of another year"
"holnap után nem tudtam volna segíteni neked egy év végéig"
"I will prepare a potion for you"
"Készítek neked egy bájitalt"
"swim up to the land tomorrow, before sunrise"
"Úszj fel a szárazföldre holnap, napkelte előtt"
"seat yourself there and drink the potion"
"ülj le és igyál a bájitalt"
"after you drink the potion your tail will disappear"
"Miután megiszol a bájitalt, eltűnik a farka"
"and then you will have what men call legs"
"és akkor lesz az, amit a férfiak lábaknak hívnak"

"all will say you are the prettiest girl in the world"
"mindenki azt fogja mondani, hogy te vagy a legszebb lány a világon"
"but for this you will have to endure great pain"
"de ehhez nagy fájdalmat kell elviselned"
"it will be as if a sword were passing through you"
"olyan lesz, mintha egy kard menne át rajtad"
"You will still have the same gracefulness of movement"
"Még mindig ugyanaz a kecses mozgásod lesz"
"it will be as if you are floating over the ground"
"olyan lesz, mintha a föld felett lebegnél"

"and no dancer will ever tread as lightly as you"
"és egyetlen táncos sem léphet olyan könnyedén, mint te"
"but every step you take will cause you great pain"
"de minden lépésed nagy fájdalmat fog okozni"
"it will be as if you were treading upon sharp knives"
"olyan lesz, mintha éles késekbe taposna"
"If you bear all this suffering, I will help you"
"Ha elviseled ezt a sok szenvedést, én segítek neked"
the little mermaid thought of the prince
a kis sellő a hercegre gondolt
and she thought of the happiness of an immortal soul
és egy halhatatlan lélek boldogságára gondolt
"Yes, I will," said the little princess
– Igen, megteszem – mondta a kis hercegnő
but, as you can imagine, her voice trembled with fear
de ahogy képzelheti, hangja remegett a félelemtől

"do not rush into this," said the witch
– Ne rohanj ebbe – mondta a boszorkány
"once you are shaped like a human, you can never return"
"Ha egyszer emberré formálsz, soha többé nem térhetsz vissza"
"and you will never again take the form of a mermaid"
"és soha többé nem veszed fel sellő alakját"
"You will never return through the water to your sisters"
"Soha nem fogsz visszatérni a vízen keresztül a nővéreidhez"
"nor will you ever go to your father's palace again"
"És soha többé nem mész apád palotájába"
"you will have to win the love of the prince"
"El kell nyerned a herceg szerelmét"
"he must be willing to forget his father and mother for you"
"Bizonyára hajlandó megfeledkezni érted az apjáról és az anyjáról"
"and he must love you with all of his soul"
"és teljes lelkéből kell szeretnie"
"the priest must join your hands together"

"a papnak össze kell fognia a kezeteket"
"and he must make you man and wife in holy matrimony"
"és férfivá és feleséggé kell tennie benneteket a szent házasságban"
"only then will you have an immortal soul"
"csak akkor lesz halhatatlan lelked"
"but you must never allow him to marry another woman"
"de soha nem szabad megengedned neki, hogy más nőt vegyen feleségül"
"the morning after he marries another woman, your heart will break"
"a reggel azután, hogy feleségül vesz egy másik nőt, megszakad a szíved"
"and you will become foam on the crest of the waves"
"és hab leszel a hullámok hegyén"
the little mermaid became as pale as death
a kis sellő olyan sápadt lett, mint a halál
"I will do it," said the little mermaid
– Megteszem – mondta a kis sellő

"But I must be paid, also," said the witch
– De nekem is fizetni kell – mondta a boszorkány
"and it is not a trifle that I ask for"
"és ez nem apróság, amit kérek"
"You have the sweetest voice of any who dwell here"
"Az itt lakók közül neked van a legédesebb hangod"
"you believe that you can charm the prince with your voice"
"Azt hiszed, hogy a hangoddal el tudod varázsolni a herceget"
"But your beautiful voice you must give to me"
"De a gyönyörű hangodat nekem kell adnod"
"The best thing you possess is the price of my potion"
"A legjobb dolog, amivel rendelkezel, az a főzetem ára"
"the potion must be mixed with my own blood"
"a főzetet a saját véremmel kell összekeverni"
"only this mixture makes the potion as sharp as a two-edged sword"

"csak ez a keverék teszi a főzetet olyan élessé, mint egy kétélű kard"

the little mermaid tried to object to the cost
a kis sellő próbált tiltakozni a költségek ellen
"But if you take away my voice..." said the little mermaid
- De ha elveszed a hangomat... - mondta a kis sellő
"if you take away my voice, what is left for me?"
"Ha elveszed a hangomat, mi marad nekem?"
"Your beautiful form," suggested the sea witch
– Gyönyörű alakod – javasolta a tengeri boszorkány
"your graceful walk, and your expressive eyes"
"kecses járásod és kifejező szemeid"
"Surely, with these things you can enchain a man's heart?"
– Biztos, hogy ezekkel a dolgokkal meg lehet láncolni egy férfi szívét?
"Well, have you lost your courage?" the sea witch asked
– Nos, elvesztette a bátorságát? – kérdezte a tengeri boszorkány
"Put out your little tongue, so that I can cut it off"
– Nyújtsd ki a kis nyelvedet, hogy levághassam!
"then you shall have the powerful potion"
"akkor tiéd lesz az erős bájital"
"It shall be," said the little mermaid
– Így lesz – mondta a kis sellő

Then the witch placed her cauldron on the fire
Aztán a boszorkány a tűzre tette az üstjét
"Cleanliness is a good thing," said the sea witch
– A tisztaság jó dolog – mondta a tengeri boszorkány
she scoured the vessels for the right snake
áttúrta az edényeket a megfelelő kígyóért
all the snakes had been tied together in a large knot
az összes kígyót nagy csomóba kötötték
Then she pricked herself in the breast
Aztán mellbe szúrta magát

and she let the black blood drop into the caldron
és engedte, hogy a fekete vér az üstbe hulljon
The steam that rose twisted itself into horrible shapes
A felszálló gőz iszonyatos formákba csavarta magát
no person could look at the shapes without fear
senki sem nézhette félelem nélkül az alakzatokat
Every moment the witch threw new ingredients into the vessel
A boszorkány minden pillanatban új összetevőket dobott az edénybe
finally, with everything inside, the caldron began to boil
végül mindennel benne forrni kezdett az üst
there was the sound like the weeping of a crocodile
olyan hang volt, mint egy krokodil sírása
and at last the magic potion was ready
és végre elkészült a varázsital
despite its ingredients, the potion looked like the clearest water
összetevői ellenére a főzet a legtisztább víznek tűnt
"There it is, all for you," said the witch
– Itt van, mindent érted – mondta a boszorkány
and then she cut off the little mermaid's tongue
majd levágta a kis sellő nyelvét
so that the little mermaid could never again speak, nor sing again
hogy a kis sellő soha többé ne beszélhessen, se énekelhessen
"the polypi might try and grab you on the way out"
"A polipi megpróbálhat megragadni a kifelé menet"
"if they try, throw over them a few drops of the potion"
"Ha megpróbálják, dobjon rájuk néhány csepp főzetet"
"and their fingers will be torn into a thousand pieces"
"és ujjaik ezer darabra szakadnak"
But the little mermaid had no need to do this
De a kis sellőnek nem volt szüksége erre
the polypi sprang back in terror when they saw her
a polipi rémülten ugrott vissza, amikor meglátták

they saw she had lost her tongue to the sea witch
látták, hogy elvesztette a nyelvét a tengeri boszorkány miatt
and they saw she was carrying the potion
és látták, hogy a bájitalt hordja
the potion shone in her hand like a twinkling star
a bájital csillogó csillagként ragyogott a kezében

So she passed quickly through the wood and the marsh
Így gyorsan áthaladt az erdőn és a mocsaron
and she passed between the rushing whirlpools
és áthaladt a rohanó örvények között
soon she made her way back to the palace of her father
hamarosan visszatért apja palotájába
all the torches in the ballroom were extinguished
a bálterem összes fáklyája kialudt
all within the palace must now be asleep
a palotában most már mindenki alszik
But she did not go inside to see them
De nem ment be, hogy lássa őket
she knew she was going to leave them forever
tudta, hogy örökre elhagyja őket
and she knew her heart would break if she saw them
és tudta, hogy megszakad a szíve, ha meglátja őket
she went into the garden one last time
még utoljára bement a kertbe
and she took a flower from each one of her sisters
és mindegyik nővérétől vett egy-egy virágot
and then she rose up through the dark-blue waters
majd felemelkedett a sötétkék vizeken keresztül

The Little Mermaid Meets the Prince
A kis hableány találkozik a herceggel

the little mermaid arrived at the prince's palace
a kis sellő megérkezett a hercegi palotába
the sun had not yet risen from the sea
a nap még nem kelt fel a tengerből
and the moon shone clear and bright in the night
és a hold tisztán és fényesen ragyogott az éjszakában
the little mermaid sat at the beautiful marble steps
a kis sellő a gyönyörű márványlépcsőknél ült
and then the little mermaid drank the magic potion
majd a kis sellő megitta a varázsitalt
she felt the cut of a two-edged sword cut through her
érezte, ahogy egy kétélű kard vágása átvágott rajta
and she fell into a swoon, and lay like one dead
és elájult, és úgy feküdt, mint egy halott
the sun rose from the sea and shone over the land
a nap felkelt a tengerből, és besütött a szárazföldre
she recovered and felt the pain from the cut
magához tért, és érezte a vágás okozta fájdalmat
but before her stood the handsome young prince
de előtte ott állt a jóképű fiatal herceg

He fixed his coal-black eyes upon the little mermaid
Szénfekete szemét a kis sellőre szegezte
he looked so earnestly that she cast down her eyes
olyan komolyan nézett, hogy a lány lesütötte a szemét
and then she became aware that her fish's tail was gone
és ekkor arra lett figyelmes, hogy a hala farka eltűnt
she saw that she had the prettiest pair of white legs
látta, hogy neki van a legszebb fehér lába
and she had tiny feet, as any little maiden would have
és apró lábai voltak, mint minden kisleánynak
But, having come from the sea, she had no clothes
De mivel a tenger felől jött, nem volt ruhája

so she wrapped herself in her long, thick hair
így beburkolta magát hosszú, sűrű hajába
The prince asked her who she was and whence she came
A herceg megkérdezte tőle, ki ő és honnan jött
She looked at him mildly and sorrowfully
A lány szelíden és szomorúan nézett rá
but she had to answer with her deep blue eyes
de mélykék szemeivel kellett válaszolnia
because the little mermaid could not speak anymore
mert a kis sellő már nem tudott beszélni
He took her by the hand and led her to the palace
Kézen fogta és a palotába vezette

Every step she took was as the witch had said it would be
Minden lépése olyan volt, ahogy a boszorkány mondta
she felt as if she were treading upon sharp knives
úgy érezte, mintha éles késekkel taposna
She bore the pain of her wish willingly, however
A lány azonban készségesen viselte kívánsága fájdalmát
and she moved at the prince's side as lightly as a bubble
és olyan könnyedén mozgott a herceg oldalán, mint egy buborék
all who saw her wondered at her graceful, swaying movements
mindazok, akik látták, csodálkoztak kecses, imbolygó mozgásain
She was very soon arrayed in costly robes of silk and muslin
Nagyon hamar drága selyem- és muszlinköntösbe öltöztették
and she was the most beautiful creature in the palace
és ő volt a palota legszebb teremtménye
but she appeared dumb, and could neither speak nor sing
de némának tűnt, és nem tudott sem beszélni, sem énekelni

there were beautiful female slaves, dressed in silk and gold
voltak gyönyörű női rabszolgák, selyembe és aranyba öltözve
they stepped forward and sang in front of the royal family

előléptek és énekeltek a királyi család előtt
each slave could sing better than the next one
minden rabszolga jobban tudott énekelni, mint a következő
and the prince clapped his hands and smiled at her
a herceg pedig összecsapta a kezét és rámosolygott
This was a great sorrow to the little mermaid
Ez nagy bánat volt a kis sellőnek
she knew how much more sweetly she was able to sing
tudta, mennyivel édesebben tud énekelni
"if only he knew I have given away my voice to be with him!"
– Ha tudná, hogy eladtam a hangomat, hogy vele lehessek!

there was music being played by an orchestra
zenét játszott egy zenekar
and the slaves performed some pretty, fairy-like dances
a rabszolgák pedig csinos, tündérszerű táncokat mutattak be
Then the little mermaid raised her lovely white arms
Aztán a kis sellő felemelte szép fehér karját
she stood on the tips of her toes like a ballerina
lábujjhegyen állt, mint egy balerina
and she glided over the floor like a bird over water
és úgy siklott a padlón, mint egy madár a víz felett
and she danced as no one yet had been able to dance
és úgy táncolt, ahogy még senki sem tudott táncolni
At each moment her beauty was more revealed
Minden pillanatban jobban feltárult szépsége
most appealing of all, to the heart, were her expressive eyes
A szív számára a legvonzóbb kifejező szeme volt
Everyone was enchanted by her, especially the prince
Mindenkit elvarázsolt, különösen a herceget
the prince called her his deaf little foundling
a herceg süket kis találtának nevezte
and she happily continued to dance, to please the prince
és boldogan folytatta a táncot, hogy a herceg kedvében járjon

but we must remember the pain she endured for his pleasure
de emlékeznünk kell a fájdalomra, amelyet a férfi örömére elszenvedett
every step on the floor felt as if she trod on sharp knives
A padlón minden lépésnél olyan érzés volt, mintha éles késeken taposna

The prince said she should remain with him always
A herceg azt mondta, mindig vele kell maradnia
and she was given permission to sleep at his door
és engedélyt kapott, hogy az ajtajában aludjon
they brought a velvet cushion for her to lie on
bársonypárnát hoztak neki, hogy feküdjön
and the prince had a page's dress made for her
és a herceg egy lapos ruhát készíttetett neki
this way she could accompany him on horseback
így elkísérhette lóháton
They rode together through the sweet-scented woods
Együtt lovagoltak át az édes illatú erdőn
in the woods the green branches touched their shoulders
az erdőben a zöld ágak megérintették a vállukat
and the little birds sang among the fresh leaves
és a kismadarak énekeltek a friss levelek között
She climbed with him to the tops of high mountains
Felmászott vele a magas hegyek tetejére
and although her tender feet bled, she only smiled
és bár gyengéd lába vérzett, csak mosolygott
she followed him till the clouds were beneath them
követte őt, amíg a felhők alá nem kerültek
like a flock of birds flying to distant lands
mint egy távoli vidékekre röpülő madárraj

when all were asleep she sat on the broad marble steps
amikor mindenki aludt, leült a széles márványlépcsőkre
it eased her burning feet to bathe them in the cold water

megkönnyítette égő lábát, hogy megfürdette őket a hideg vízben
It was then that she thought of all those in the sea
Ekkor jutott eszébe mindazok, akik a tengerben voltak
Once, during the night, her sisters came up, arm in arm
Egyszer az éjszaka folyamán feljöttek a nővérei karöltve
they sang sorrowfully as they floated on the water
bánatosan énekeltek a vízen lebegve
She beckoned to them, and they recognized her
A lány intett nekik, és felismerték
they told her how they had grieved their youngest sister
elmesélték neki, hogyan gyászolták a legkisebb nővérüket
after that, they came to the same place every night
utána minden este ugyanoda jöttek
Once she saw in the distance her old grandmother
Egyszer meglátta a távolban öreg nagymamáját
she had not been to the surface of the sea for many years
sok éve nem járt a tenger felszínén
and the old Sea King, her father, with his crown on his head
és az öreg tengeri király, az apja, a koronával a fején
he too came to where she could see him
ő is odajött, ahol láthatta
They stretched out their hands towards her
Kinyújtották felé a kezüket
but they did not venture as near the land as her sisters
de nem merészkedtek olyan közel a földhöz, mint a nővérei

As the days passed she loved the prince more dearly
Ahogy teltek a napok, egyre jobban szerette a herceget
and he loved her as one would love a little child
és úgy szerette őt, mint egy kisgyereket
The thought never came to him to make her his wife
Soha nem jutott eszébe, hogy feleségévé tegye
but, unless he married her, her wish would never come true
de ha nem veszi feleségül, a vágya soha nem teljesül
unless he married her she could not receive an immortal soul

ha feleségül nem veszi, nem fogadhat halhatatlan lelket
and if he married another her dreams would shatter
és ha feleségül vesz egy másikat, az álmai szertefoszlanak
on the morning after his marriage she would dissolve
a házassága utáni reggelen feloszlik
and the little mermaid would become the foam of the sea
és a kis sellőből a tenger habja lesz

the prince took the little mermaid in his arms
a herceg a karjába vette a kis sellőt
and he kissed her on her forehead
és megcsókolta a homlokát
with her eyes she tried to ask him
a szemével próbálta megkérdezni tőle
"Do you not love me the most of them all?"
– Nem engem szeretsz a legjobban közülük?
"Yes, you are dear to me," said the prince
– Igen, kedves vagy nekem – mondta a herceg
"because you have the best heart"
"mert neked van a legjobb szíved"
"and you are the most devoted to me"
"és te vagy a legodaadóbb nekem"
"You are like a young maiden whom I once saw"
"Olyan vagy, mint egy fiatal leány, akit egyszer láttam"
"but I shall never meet this young maiden again"
"de soha többé nem találkozom ezzel a fiatal leánnyal"
"I was in a ship that was wrecked"
"Egy tönkrement hajóban voltam"
"and the waves cast me ashore near a holy temple"
"és a hullámok partra vetettek egy szent templom közelében"
"at the temple several young maidens performed the service"
"a templomban több fiatal lány végezte a szolgálatot"
"The youngest maiden found me on the shore"
"A legfiatalabb lány talált rám a parton"
"and the youngest of the maidens saved my life"
"és a legfiatalabb lány mentette meg az életem"

"I saw her but twice," he explained
– Csak kétszer láttam – magyarázta
"and she is the only one in the world whom I could love"
"és ő az egyetlen a világon, akit szeretni tudnék"
"But you are like her," he reassured the little mermaid
– De olyan vagy, mint ő – nyugtatta meg a kis sellőt
"and you have almost driven her image from my mind"
"és majdnem kiűzted a képét az elmémből"
"She belongs to the holy temple"
"A szent templomhoz tartozik"
"good fortune has sent you instead of her to me"
"A szerencse téged küldött helyettem hozzám"
"We will never part," he comforted the little mermaid
– Soha nem válunk el – vigasztalta a kis sellőt

but the little mermaid could not help but sigh
de a kis sellő nem tudott nem sóhajtani
"he knows not that it was I who saved his life"
"nem tudja, hogy én mentettem meg az életét"
"I carried him over the sea to where the temple stands"
"Elvittem a tengeren át oda, ahol a templom áll"
"I sat beneath the foam till the human came to help him"
"A hab alatt ültem, amíg az ember nem jött, hogy segítsen neki."
"I saw the pretty maiden that he loves"
"Láttam a szép leányzót, akit szeret"
"the pretty maiden that he loves more than me"
"a csinos leányzó, akit jobban szeret, mint engem"
The mermaid sighed deeply, but she could not weep
A sellő mélyet sóhajtott, de nem tudott sírni
"He says the maiden belongs to the holy temple"
"Azt mondja, hogy a leány a szent templomhoz tartozik"
"therefore she will never return to the world"
"ezért soha nem tér vissza a világba"
"they will meet no more," the little mermaid hoped
– Nem találkoznak többet – remélte a kis sellő

"I am by his side and see him every day"
"Mellette vagyok és minden nap látom"
"I will take care of him, and love him"
"Vigyázni fogok rá, és szeretni fogok"
"and I will give up my life for his sake"
"És feladom az életemet érte"

The Day of the Wedding
Az esküvő napja

Very soon it was said that the prince was going to marry
Nagyon hamar elhangzott, hogy a herceg megházasodik
there was the beautiful daughter of a neighbouring king
ott volt egy szomszéd király gyönyörű lánya
it was said that she would be his wife
azt mondták, hogy a felesége lesz
for the occasion a fine ship was being fitted out
erre az alkalomra egy remek hajót szereltek fel
the prince said he intended only to visit the king
a herceg azt mondta, hogy csak a királyt szándékozik meglátogatni
they thought he was only going so as to meet the princess
azt hitték, csak azért megy, hogy találkozzon a hercegnővel
The little mermaid smiled and shook her head
A kis sellő elmosolyodott és megrázta a fejét
She knew the prince's thoughts better than the others
Jobban ismerte a herceg gondolatait, mint a többiek

"I must travel," he had said to her
– Utaznom kell – mondta neki
"I must see this beautiful princess"
"Látnom kell ezt a gyönyörű hercegnőt"
"My parents want me to go and see her"
"A szüleim azt akarják, hogy elmenjek hozzá"
"but they will not oblige me to bring her home as my bride"
"de nem köteleznek arra, hogy hazavigyem őt, mint a menyasszonyomat"
"you know that I cannot love her"
"Tudod, hogy nem tudom szeretni"
"because she is not like the beautiful maiden in the temple"
"mert nem olyan, mint a gyönyörű leány a templomban"
"the beautiful maiden whom you resemble"
"a gyönyörű leányzó, akire hasonlítasz"

"If I were forced to choose a bride, I would choose you"
"Ha kénytelen lennék menyasszonyt választani, téged
választanék"
"my deaf foundling, with those expressive eyes"
"Süket leletem, azokkal a kifejező szemekkel"
Then he kissed her rosy mouth
Aztán megcsókolta rózsás száját
and he played with her long, waving hair
és a hosszú, hullámzó hajával játszott
and he laid his head on her heart
és a szívére fektette a fejét
she dreamed of human happiness and an immortal soul
emberi boldogságról és halhatatlan lélekről álmodott

they stood on the deck of the noble ship
a nemesi hajó fedélzetén álltak
"You are not afraid of the sea, are you?" he said
– Ugye nem félsz a tengertől? – mondta
the ship was to carry them to the neighbouring country
a hajónak a szomszéd országba kellett volna vinnie őket
Then he told her of storms and of calms
Aztán mesélt neki a viharokról és a nyugalmakról
he told her of strange fishes deep beneath the water
különös halakat mesélt neki a víz mélyén
and he told her of what the divers had seen there
és elmondta neki, mit láttak ott a búvárok
She smiled at his descriptions, slightly amused
Kissé szórakozottan mosolygott a leírására
she knew better what wonders were at the bottom of the sea
jobban tudta, milyen csodák vannak a tenger fenekén

the little mermaid sat on the deck at moonlight
a kis sellő holdfényben ült a fedélzeten
all on board were asleep, except the man at the helm
a fedélzeten mindenki aludt, kivéve a kormányt
and she gazed down through the clear water

és lenézett a tiszta vízen keresztül
She thought she could distinguish her father's castle
Azt hitte, meg tudja különböztetni apja kastélyát
and in the castle she could see her aged grandmother
és a kastélyban láthatta idős nagymamáját
Then her sisters came out of the waves
Aztán a nővérei kijöttek a hullámok közül
and they gazed at their sister mournfully
és gyászosan néztek nővérükre
She beckoned to her sisters, and smiled
Intett a nővéreinek, és elmosolyodott
she wanted to tell them how happy and well off she was
el akarta mondani nekik, milyen boldog és jól van
But the cabin boy approached and her sisters dived down
De a kabinos fiú közeledett, és a nővérei leugrottak
he thought what he saw was the foam of the sea
azt hitte, amit látott, az a tenger habja

The next morning the ship got into the harbour
Másnap reggel a hajó beért a kikötőbe
they had arrived in a beautiful coastal town
egy gyönyörű tengerparti városba érkeztek
on their arrival they were greeted by church bells
érkezésükkor templomi harangok fogadták őket
and from the high towers sounded a flourish of trumpets
és a magas tornyokból trombitavirágzás hallatszott
soldiers lined the roads through which they passed
katonák sorakoztak az utakon, amelyeken áthaladtak
Soldiers, with flying colors and glittering bayonets
Katonák, csillogó szuronyokkal
Every day that they were there there was a festival
Minden nap, amikor ott voltak, volt egy fesztivál
balls and entertainments were organised for the event
bálokat és mulatságokat szerveztek a rendezvényre
But the princess had not yet made her appearance
De a hercegnő még nem jelent meg

she had been brought up and educated in a religious house
vallásos házban nevelkedett és tanult
she was learning every royal virtue of a princess
a hercegnő minden királyi erényét tanulta

At last, the princess made her royal appearance
Végül a hercegnő királyi megjelenést öltött
The little mermaid was anxious to see her
A kis sellő alig várta, hogy lássa
she had to know whether she really was beautiful
tudnia kellett, hogy valóban szép-e
and she was obliged to admit she really was beautiful
és kénytelen volt bevallani, hogy valóban gyönyörű
she had never seen a more perfect vision of beauty
még soha nem látott tökéletesebb víziót a szépségről
Her skin was delicately fair
A bőre finoman világos volt
and her laughing blue eyes shone with truth and purity
és nevető kék szemei igazságtól és tisztaságtól ragyogtak
"It was you," said the prince
– Te voltál – mondta a herceg
"you saved my life when I lay as if dead on the beach"
"Megmentetted az életemet, amikor úgy feküdtem, mintha meghaltam volna a tengerparton"
"and he held his blushing bride in his arms"
"és a karjában tartotta piruló menyasszonyát"

"Oh, I am too happy!" said he to the little mermaid
– Ó, túl boldog vagyok! – mondta a kis sellőnek
"my fondest hopes are now fulfilled"
"Legnagyobb reményeim most teljesültek"
"You will rejoice at my happiness"
"Örülni fogsz a boldogságomnak"
"because your devotion to me is great and sincere"
"mert az irántam való odaadásod nagy és őszinte"
The little mermaid kissed the prince's hand

A kis sellő kezet csókolt a hercegnek
and she felt as if her heart were already broken
és úgy érezte, máris összetört a szíve
the morning of his wedding was going to bring death to her
az esküvője reggele halált hozott neki
she knew she was to become the foam of the sea
tudta, hogy a tenger habja lesz belőle

the sound of the church bells rang through the town
a templom harangjainak hangja megszólalt a városon
the heralds rode through the town proclaiming the betrothal
a hírnökök végiglovagolták a várost, és kihirdették az eljegyzést
Perfumed oil was burned in silver lamps on every altar
Minden oltáron ezüstlámpásban égették az illatos olajat
The priests waved the censers over the couple
A papok a tömjénezőkkel hadonásztak a pár fölött
and the bride and the bridegroom joined their hands
és a menyasszony és a vőlegény összefogta kezüket
and they received the blessing of the bishop
és megkapták a püspök áldását
The little mermaid was dressed in silk and gold
A kis sellő selyembe és aranyba volt öltözve
she held up the bride's dress, in great pain
nagy fájdalommal feltartotta a menyasszony ruháját
but her ears heard nothing of the festive music
de a füle semmit sem hallott az ünnepi zenéből
and her eyes saw not the holy ceremony
és a szeme nem látta a szent szertartást
She thought of the night of death coming to her
Arra gondolt, hogy eljön a halál éjszakája
and she mourned for all she had lost in the world
és gyászolt mindazért, amit a világon elvesztett

that evening the bride and bridegroom boarded the ship
aznap este a menyasszony és a vőlegény felszállt a hajóra

the ship's cannons were roaring to celebrate the event
a hajó ágyúi dörögtek, hogy megünnepeljék az eseményt
and all the flags of the kingdom were waving
és a királyság minden zászlója lengett
in the centre of the ship a tent had been erected
a hajó közepén sátrat emeltek
in the tent were the sleeping couches for the newlyweds
a sátorban az ifjú házasok alvó heverői voltak
the winds were favourable for navigating the calm sea
a szél kedvezett a nyugodt tengeren való hajózáshoz
and the ship glided as smoothly as the birds of the sky
és a hajó olyan simán siklott, mint az ég madarai

When it grew dark, a number of colored lamps were lighted
Amikor besötétedett, számos színes lámpa világított
the sailors and royal family danced merrily on the deck
a tengerészek és a királyi család vidáman táncoltak a fedélzeten
The little mermaid could not help thinking of her birthday
A kis sellő nem tudott nem gondolni a születésnapjára
the day that she rose out of the sea for the first time
azon a napon, amikor először emelkedett ki a tengerből
similar joyful festivities were celebrated on that day
hasonló örömünnepeket tartottak azon a napon
she thought about the wonder and hope she felt that day
arra a csodára és reményre gondolt, amelyet aznap érzett
with those pleasant memories, she too joined in the dance
ezekkel a kellemes emlékekkel ő is bekapcsolódott a táncba
on her paining feet, she poised herself in the air
fájdalmas lábán a levegőben egyensúlyozott
the way a swallow poises itself when in pursued of prey
ahogy a fecske egyensúlyozza magát, amikor üldözik a zsákmányt
the sailors and the servants cheered her wonderingly
a tengerészek és a szolgák csodálkozva ujjongtak
She had never danced so gracefully before

Még soha nem táncolt ilyen kecsesen
Her tender feet felt as if cut with sharp knives
Gyengéd lábai mintha éles késekkel vágták volna meg
but she cared little for the pain of her feet
de keveset törődött a lába fájdalmával
there was a much sharper pain piercing her heart
sokkal élesebb fájdalom hasított a szívébe

She knew this was the last evening she would ever see him
Tudta, hogy ez az utolsó este, hogy valaha is látja
the prince for whom she had forsaken her kindred and home
a herceg, akiért elhagyta rokonságát és otthonát
She had given up her beautiful voice for him
Feladta érte gyönyörű hangját
and every day she had suffered unheard-of pain for him
és minden nap hallatlan fájdalmat szenvedett el érte
she suffered all this, while he knew nothing of her pain
szenvedte mindezt, miközben a férfi semmit sem tudott a fájdalmáról
it was the last evening she would breath the same air as him
ez volt az utolsó este, hogy ugyanazt a levegőt szívta, mint ő
it was the last evening she would gaze on the same starry sky
ez volt az utolsó este, amikor ugyanazt a csillagos eget nézte
it was the last evening she would gaze into the deep sea
ez volt az utolsó este, amikor a mélytengerbe nézett
it was the last evening she would gaze into the eternal night
ez volt az utolsó este, amikor belenézett az örök éjszakába
an eternal night without thoughts or dreams awaited her
gondolatok és álmok nélküli örök éjszaka várt rá
She was born without a soul, and now she could never win one
Lélek nélkül született, és most soha nem nyerhetett

All was joy and gaiety on the ship until long after midnight
Jóval éjfél utánig minden öröm és vidámság volt a hajón

She smiled and danced with the others on the royal ship
Mosolyogva táncolt a többiekkel a királyi hajón
but she danced while the thought of death was in her heart
de táncolt, miközben a halál gondolata volt a szívében
she had to watch the prince dance with the princess
meg kellett néznie a herceget a hercegnővel táncolni
she had to watch when the prince kissed his beautiful bride
néznie kellett, amikor a herceg megcsókolta gyönyörű menyasszonyát
she had to watch her play with the prince's raven hair
néznie kellett, ahogy a herceg hollóhajával játszik
and she had to watch them enter the tent, arm in arm
és néznie kellett, ahogy bemennek a sátorba, kart karba öltve

After the Wedding
Az esküvő után

After they had gone all became still on board the ship
Miután elmentek, mindenki a hajó fedélzetén maradt
only the pilot, who stood at the helm, was still awake
csak a pilóta, aki a kormánynál állt, még ébren volt
The little mermaid leaned on the edge of the vessel
A kis sellő az edény szélére támaszkodott
she looked towards the east for the first blush of morning
kelet felé nézett a reggeli első pírra
the first ray of the dawn, which was to be her death
a hajnal első sugara, aminek a halála volt
from far away she saw her sisters rising out of the sea
messziről látta nővéreit kiemelkedni a tengerből
They were as pale with fear as she was
Ugyanolyan sápadtak a félelemtől, mint ő
but their beautiful hair no longer waved in the wind
de gyönyörű hajuk már nem hullámzott a szélben
"We have given our hair to the witch," said they
– A hajunkat a boszorkánynak adtuk – mondták
"so that you do not have to die tonight"
"hogy ne kelljen meghalnod ma este"
"for our hair we have obtained this knife"
"A hajunkért kaptuk ezt a kést"
"Before the sun rises you must use this knife"
"Mielőtt felkel a nap, használnod kell ezt a kést"
"you must plunge the knife into the heart of the prince"
"A kést a herceg szívébe kell döfni"
"the warm blood of the prince must fall upon your feet"
"a herceg meleg vérének kell hullania lábatokra"
"and then your feet will grow together again"
"és akkor újra összenő a lábad"
"where you have legs you will have a fish's tail again"
"ahol lábad van, ott újra hal farka lesz"

"**and where you were human you will once more be a mermaid**"
"És ahol ember voltál, újra sellő leszel"
"**then you can return to live with us, under the sea**"
"Akkor visszatérhetsz hozzánk, a tenger alá"
"**and you will be given your three hundred years of a mermaid**"
"és megkapod a háromszáz éves sellőt"
"**and only then will you be changed into the salty sea foam**"
"és csak akkor változol át sós tengeri habbá"
"**Haste, then; either he or you must die before sunrise**"
"Akkor siess; vagy neki, vagy neked kell meghalnod napkelte előtt"
"**our old grandmother mourns for you day and night**"
"öreg nagyanyánk éjjel-nappal gyászol érted"
"**her white hair is falling out**"
"kihullik a fehér haja"
"**just as our hair fell under the witch's scissors**"
"mint ahogy a hajunk a boszorkány ollója alá hullott"
"**Kill the prince, and come back,**" they begged her
„Öld meg a herceget, és gyere vissza" – könyörögtek neki
"**Do you not see the first red streaks in the sky?**"
– Nem látod az első piros csíkokat az égen?
"**In a few minutes the sun will rise, and you will die**"
"Néhány perc múlva felkel a nap, és te meghalsz"
having done their best, her sisters sighed deeply
miután minden tőlük telhetőt megtettek, nővérei mélyet sóhajtottak
mournfully her sisters sank back beneath the waves
nővérei gyászosan süllyedtek vissza a hullámok alá
and the little mermaid was left with the knife in her hands
és a kis sellő ott maradt a késsel a kezében

she drew back the crimson curtain of the tent
elhúzta a sátor bíbor függönyt
and in the tent she saw the beautiful bride

és a sátorban meglátta a gyönyörű menyasszonyt
her face was resting on the prince's breast
arca a herceg mellén pihent
and then the little mermaid looked at the sky
és akkor a kis sellő az égre nézett
on the horizon the rosy dawn grew brighter and brighter
a láthatáron a rózsás hajnal egyre fényesebb lett
She glanced at the sharp knife in her hands
A lány a kezében tartott éles késre pillantott
and again she fixed her eyes on the prince
és ismét a hercegre szegezte a tekintetét
She bent down and kissed his noble brow
Lehajolt, és megcsókolta a férfi nemes homlokát
he whispered the name of his bride in his dreams
álmában menyasszonya nevét suttogta
he was dreaming of the princess he had married
arról a hercegnőről álmodott, akit feleségül vett
the knife trembled in the hand of the little mermaid
a kés remegett a kis sellő kezében
but she flung the knife far into the sea
de messzire a tengerbe hajította a kést

where the knife fell the water turned red
ahol a kés leesett, a víz vörösre vált
the drops that spurted up looked like blood
a feltörő cseppek vérnek tűntek
She cast one last look upon the prince she loved
Még egy utolsó pillantást vetett a hercegre, akit szeretett
the sun pierced the sky with its golden arrows
a nap arany nyilaival átszúrta az eget
and she threw herself from the ship into the sea
és a hajóról a tengerbe vetette magát
the little mermaid felt her body dissolving into foam
a kis sellő érezte, ahogy teste habokká olvad
and all that rose to the surface were bubbles of air
és csak légbuborékok emelkedtek a felszínre

the sun's warm rays fell upon the cold foam
a nap meleg sugarai a hideg habokra hullottak
but she did not feel as if she were dying
de nem érezte úgy, mintha meghalna
in a strange way she felt the warmth of the bright sun
furcsa módon érezte a ragyogó nap melegét
she saw hundreds of beautiful transparent creatures
több száz gyönyörű átlátszó lényt látott
the creatures were floating all around her
a lények körülötte lebegtek
through the creatures she could see the white sails of the ships
a lényeken keresztül látta a hajók fehér vitorláit
and between the sails of the ships she saw the red clouds in the sky
és a hajók vitorlái között látta a vörös felhőket az égen
Their speech was melodious and childlike
Beszédük dallamos és gyermeki volt
but their speech could not be heard by mortal ears
de beszédüket halandó fülek nem hallhatták
nor could their bodies be seen by mortal eyes
testüket sem láthatták halandó szemek
The little mermaid perceived that she was like them
A kis sellő észrevette, hogy olyan, mint ők
and she felt that she was rising higher and higher
és érezte, hogy egyre magasabbra emelkedik
"Where am I?" asked she, and her voice sounded ethereal
– Hol vagyok? – kérdezte, és a hangja éterien csengett
there is no earthly music that could imitate her
nincs olyan földi zene, ami utánozhatná őt
"you are among the daughters of the air," answered one of them
– A levegő lányai közé tartozol – válaszolta egyikük
"A mermaid has not an immortal soul"
"A sellőnek nincs halhatatlan lelke"
"nor can mermaids obtain immortal souls"

"A sellők sem szerezhetnek halhatatlan lelket"
"unless she wins the love of a human being"
"hacsak nem nyeri el egy emberi lény szerelmét"
"on the will of another hangs her eternal destiny"
"örökkévaló sorsa más akaratán függ"
"like you, we do not have immortal souls either"
"mint neked, nekünk sincs halhatatlan lelkünk"
"but we can obtain an immortal soul by our deeds"
"de tetteink által halhatatlan lelket szerezhetünk"
"We fly to warm countries and cool the sultry air"
"Meleg országokba repülünk, és lehűtjük a fülledt levegőt"
"the heat that destroys mankind with pestilence"
"a hőség, amely pestissel pusztítja az emberiséget"
"We carry the perfume of the flowers"
"A virágok illatát mi visszük"
"and we spread health and restoration"
"és terjesztjük az egészséget és a helyreállítást"

"for three hundred years we travel the world like this"
"háromszáz éve járjuk így a világot"
"in that time we strive to do all the good in our power"
"abban az időben igyekszünk minden jót megtenni, ami tőlünk telhető"
"if we succeed we receive an immortal soul"
"Ha sikerül, halhatatlan lelket kapunk"
"and then we too take part in the happiness of mankind"
"és akkor mi is részt veszünk az emberiség boldogságában"
"You, poor little mermaid, have done your best"
"Te, szegény kis sellő, mindent megtettél"
"you have tried with your whole heart to do as we are doing"
"Teljes szívedből igyekeztél úgy tenni, mint mi"
"You have suffered and endured an enormous pain"
"Hatalmas fájdalmat szenvedtél és viseltél el"
"by your good deeds you raised yourself to the spirit world"
"Jócselekedeteddel a szellemvilágba emelted magad"
"and now you will live alongside us for three hundred years"

"És most háromszáz évig élsz velünk"
"by striving like us, you may obtain an immortal soul"
"Ha hozzánk hasonlóan küzdesz, halhatatlan lelket szerezhetsz"
The little mermaid lifted her glorified eyes toward the sun
A kis sellő a nap felé emelte megdicsőült szemeit
for the first time, she felt her eyes filling with tears
most először érezte, hogy a szeme megtelik könnyel

On the ship she had left there was life and noise
A hajón, amelyet elhagyott, élet és zaj volt
she saw the prince and his beautiful bride searching for her
látta, hogy a herceg és gyönyörű menyasszonya keresi őt
Sorrowfully, they gazed at the pearly foam
Szomorúan nézték a gyöngyhabot
it was as if they knew she had thrown herself into the waves
mintha tudták volna, hogy a lány a hullámok közé vetette magát
Unseen, she kissed the forehead of the bride
Látatlanul megcsókolta a menyasszony homlokát
and then she rose with the other children of the air
aztán felemelkedett a többi égi gyermekkel együtt
together they went to a rosy cloud that floated above
együtt mentek egy rózsás felhőhöz, amely fent lebegett

"After three hundred years," one of them started explaining
– Háromszáz év után – kezdte magyarázni egyikük
"then we shall float into the kingdom of heaven," said she
– Akkor a mennyek országába úszunk – mondta
"And we may even get there sooner," whispered a companion
– És lehet, hogy hamarabb is odaérünk – suttogta egy társunk
"Unseen we can enter the houses where there are children"
"Láthatatlanul beléphetünk a házakba, ahol gyerekek vannak"
"in some of the houses we find good children"
"néhány házban jó gyerekeket találunk"

"these children are the joy of their parents"
"ezek a gyerekek a szüleik örömei"
"and these children deserve the love of their parents"
"És ezek a gyerekek megérdemlik szüleik szeretetét"
"such children shorten the time of our probation"
"az ilyen gyerekek lerövidítik a próbaidőnket"
"The child does not know when we fly through the room"
"A gyerek nem tudja, mikor repülünk át a szobán"
"and they don't know that we smile with joy at their good conduct"
"és nem tudják, hogy mi örömmel mosolygunk a jó viselkedésükön"
"because then our judgement comes one day sooner"
"mert akkor egy nappal hamarabb jön el az ítéletünk"
"But we see naughty and wicked children too"
"De látunk szemtelen és gonosz gyerekeket is"
"when we see such children we shed tears of sorrow"
"Amikor ilyen gyerekeket látunk, könnyeket hullatunk a bánattól"
"and for every tear we shed a day is added to our time"
"és minden könnyünkért, amit elejtünk, egy nap hozzáadódik az időnkhoz"

www.ingramcontent.com/pod-product-compliance
Lightning Source LLC
Chambersburg PA
CBHW012007090526
44590CB00026B/3917